战国策

[西汉] 刘向·著
蒋筱波·编译

插圖精譯

陕西新华出版 三秦出版社

图书在版编目（C I P）数据

战国策 /（西汉）刘向著 ; 蒋筱波编译 . -- 西安 :
三秦出版社, 2008.01（2024.1 重印）
（国学百部经典丛书）
ISBN 978-7-80736-321-7

Ⅰ. ①战… Ⅱ. ①刘… ②蒋… Ⅲ. ①中国－古代史
－战国时代－史籍②战国策－译文 Ⅳ. ① K231.04

中国版本图书馆 CIP 数据核字 (2007) 第 188779 号

书　　名　战国策
作　　者　[西汉] 刘向 著　蒋筱波 编译
责　　编　陆　军
封面设计　新华智品

出版发行　三秦出版社
社　　址　西安市雁塔区曲江新区登高路 1388 号
电　　话　（029）81205236
邮政编码　710061
印　　刷　北京一鑫印务有限责任公司
开　　本　680×1020　1/16
印　　张　9
字　　数　125 千字
版　　次　2008 年 4 月第 2 版
印　　次　2024 年 1 月第 2 次印刷
标准书号　ISBN 978-7-80736-321-7

定　　价　39.80 元
网　　址　http://www.sqcbs.cn

前　言

《战国策》是中国古代的一部国别体史学著作。全书按东周、西周、秦国、齐国、楚国、赵国、魏国、韩国、燕国、宋国、卫国、中山国依次分国编写，共三十三卷，约十二万字。《战国策》主要记述了战国时期纵横家的政治主张和策略，展示了战国时代的历史特点和社会风貌，是研究战国历史的重要典籍。

《战国策》的作者直到现在也没有确定，原有《国策》《国事》《短长》《事语》《长书》《修书》等名称。西汉末年，刘向校录群书时在皇家藏书中发现了六种记录纵横家的写本，但是内容混乱，文字残缺，于是刘向按照国别编订了《战国策》。《战国策》显然不是一时一人所作，刘向只是《战国策》的校订者和编订者。因其书所记录的多是战国时纵横家为其所辅之国提出的政治主张和外交策略，因此刘向把这本书命名为《战国策》。

《战国策》全书对战国时期社会各阶层形形色色的人物都有鲜明生动的描写，尤其是一系列“士”的形象，更是写得栩栩如生，光彩照人。纵横之士苏秦、张仪，勇毅之士聂政、荆轲，高节之士颜斶等，都个性鲜明，具有一定的典型意义。

《战国策》以波澜起伏的情节、个性化的语言、传神的形态和细节来描写人物。同时用大量的寓言故事、佚闻掌故来增强辩辞的说服力。寓言的巧妙运用，成为《战国策》的一大特点。

编　者

2008 年 1 月

目　录

秦兴师临周而求九鼎

【题解】

本文选自《东周策》。

周王室在春秋初期业已衰微，到了战国时代，更是名存实亡。由于战国时诸侯之间的兼并战争愈演愈烈，其中较强大的诸侯各怀吞并天下的野心，因此周王室象征王权的九个大铜鼎就成了他们觊觎的对象。战国中期，秦国兴兵攻打东周，逼索九鼎，无力自卫的周天子采用了大臣颜率的计谋，假意把九鼎许给齐王而搬来了齐国的救兵。秦军退走后，齐王准备取走九鼎，颜率又对齐王极言搬运九鼎将遇到的种种不可克服的困难和矛盾，使齐王无可奈何，只好作罢，周天子便暂时保住了九鼎。

【原文】

秦兴师临周而求九鼎，周君患之，以告颜率。颜率曰："大王勿忧，臣请东借救于齐。"颜率至齐，谓齐王曰："夫秦之为无道也，欲兴兵临周而求九鼎。周之君臣内自画计：与秦，不若归之大国。夫存危国，美名也；得九鼎，厚宝也。愿大王图之！"齐王大悦，发师五万人，使陈臣思将，以救周，而秦兵罢。

【译文】

秦国发兵威胁东周，向东周君求要九鼎，周君很担心这件事，就把事情告诉朝臣颜率。颜率说："君王不必忧虑，可由臣东去齐国借兵求救。"颜率到了齐国，对齐王说："如今秦王暴虐无道，兴兵东向威胁周君，求要九鼎。我东周君臣在宫廷上想尽了对策，结果君臣一致认为：与其把九鼎送给暴秦，实在不如送给贵国。挽救面临危亡的国家是美名，得到九鼎，是极重要的宝物。但愿大王能努力争取！"齐王一听非常高兴，立刻派遣五万大军，任命陈臣思为统帅前往救助东周，秦兵果然撤退。

兽面纹鼎　商代后期，通高23厘米，宽17.8厘米，重1.97千克。出土于安徽阜南。现藏于北京故宫博物院。

【原文】

齐将求九鼎，周君又患之。颜率曰：“大王勿忧！臣请东解之。”颜率至齐，谓齐王曰：“周赖大国之义，得君臣父子相保也，愿献九鼎，不识大国何途之从而致之齐？”齐王曰：“寡人将寄径于梁。”颜率曰：“不可。夫梁之君臣，欲得九鼎，谋之晖台之下，少海之上，其日久矣。鼎入梁，必不出。”齐王曰：“寡人将寄径于楚。”对曰：“不可。楚之君臣，欲得九鼎，谋之于叶庭之中，其日久矣。若入楚，鼎必不出。”王曰：“寡人终何途之从而致之齐？”颜率曰：“弊邑固窃为大王患之。夫鼎者，非效醯壶酱瓿耳[1]，可怀挟提挈以至齐者；非效鸟集乌飞，兔兴马逝，漓然止于齐[2]者。昔周之伐殷，得九鼎，凡一鼎而九万人挽之，九九八十一万人，士卒师徒，器械被具，所以备者称此。今大王纵有其人，何途之从而出？臣窃为大王私忧之。”齐王曰：“子之数来者，犹无与耳！”颜率曰：“不敢欺大国，疾定所从出，弊邑迁鼎以待命。”齐王乃止。

【注释】

〔1〕醯：醋。

〔2〕漓然：本意为水急流的样子。

【译文】

齐王将向周君要九鼎，周君又为这件事担忧。颜率说：“大王不必担心，请允许臣东去齐国解决这件事。”颜率来到齐国，对齐王说：“这回东周仰赖贵国的义举，才使我君臣父子得以平安无事，因此心甘情愿把九鼎献给大王，但是却不知贵国要经由哪条路把九鼎运来齐国？”齐王说：“寡人准备借道梁国。”颜率说：“不可以借道梁国，因为梁国君臣很早就想得到九鼎，他们曾在晖台和少海一带谋划这件事情已很长时间了。所以九鼎一旦进入梁国，必然很难再出来。”于是齐王又说：“那么寡人就借道楚国。”颜率回答说：“这也行不通，因为楚国君臣为了得到九鼎，很早就在叶庭进行谋划。假如九鼎进入楚国，也绝对不会再运出来。”齐王说：“那么寡人究竟要从哪里把九鼎运到齐国呢？”颜率说：“我东周君臣也在私下为大王这件事忧虑。因为所谓九鼎，并非像醋瓶子或酱罐子一类的东西，提在手上，揣在怀中就可以拿到齐国，也不像雀鸟落、乌鸦飞、兔跳、马跑那样可以很快直接进入齐国。当初周武王伐殷纣王获得九鼎之后，为了拉运一鼎而动用九万人，九九共八十一万人，此外还要准备相应的搬运工具和被服粮饷等物资。如今大王即使有这种人力和物力，也不知道从哪条路把九鼎运来齐国。所以臣一直在私下为大王担忧。”齐王说：“贤卿屡次来我齐国，说来说去还是不想把九鼎给寡人！”颜率赶紧解释说：“臣怎敢欺骗贵国呢，只要大王能赶快决定从哪条路搬运，我东周君臣可迁移九鼎听候命令。”齐王这才打消了获取九鼎的念头。

苏秦始将连横说秦

【题解】

本文选自《秦策一》。

苏秦为战国时期著名的纵横家，他一生主要的政治活动是为燕国服务。他入齐为燕国作反间，当了齐闵王的相。后因反间身份暴露，在公元前284年被齐国处死。他以组织六国合纵抗秦而著称于后世。

本文的内容分为两部分：第一部分从开头至“王固不能行也”，是苏秦说秦王的具体内容。苏秦以夸张铺陈之辞盛赞秦国的河山之险和国富兵强，极力鼓动秦王用武力并吞天下，但因秦国内部矛盾严重，向外扩张的条件尚不成熟，所以他的建议未被采纳；第二部分写苏秦从失败到成功的经历，描述了他为猎取功名富贵而刻苦自励的情况，也反映了当时社会的世态人情和封建伦常关系的实质。

【原文】

苏秦始将连横说秦惠王曰[1]：“大王之国，西有巴、蜀[2]、汉中之利[3]，北有胡貉[4]、代马之用[5]，南有巫山[6]、黔中之限[7]，东有肴[8]、函之固[9]。田肥美，民殷富，战车万乘，奋击百万，沃野千里，蓄积饶多，地势形便，此所谓‘天府’，天下之雄国也。以大王之贤，士民之众，车骑之用，兵法之教，可以并诸侯，吞天下，称帝而治。愿大王少留意，臣请奏其效。”

秦王曰：“寡人闻之，毛羽不丰满者，不可以高飞，

文章不成者，不可以诛罚，道德不厚者，不可以使民，政教不顺者，不可以烦大臣。今先生俨然不远千里而庭教之，愿以异日。”

【注释】

〔1〕苏秦：近人或有说苏秦游说六国合纵的记载不可信。

〔2〕巴、蜀：二国名，巴，今重庆一带。蜀，今四川成都。

〔3〕汉中：郡名，在今陕西终南山以南。

〔4〕胡貉：胡，今山西北部，出产貉皮。

〔5〕代：古幽州，今河北北部，内蒙古南部。

〔6〕巫山：今四川省巫山县东部。

〔7〕黔中：今贵州东北部，湖南北部、西部。

〔8〕肴：崤山，在今河南省洛宁县北部。

〔9〕函：函谷关，今河南省灵宝市北部。

【译文】

苏秦一开始准备倡导连横，他游说秦惠王说：“大王的国家，西方有巴、蜀、汉中的富饶物产，北方有来自少数民族地区的贵重兽皮与代地的良马，南边有巫山、黔中屏障，东方又有崤山、函谷关这样坚固的要塞。土地肥沃，百姓富裕；拥有战车万辆，壮士百万；沃野千里，积蓄富足；地势险要，能攻便守。这正是人们常说的‘天府之国’呀！所以秦国是天下少有的强国。凭借大王您的贤能，众多的士卒与百姓，发挥车骑部队的作用，并进行有素的军事训练，一定能够吞并其他诸侯，统一天下，成为治理天下的帝王。希望大王能考虑一下这一前景，允许我陈述自己的策略。”

秦惠王说：“寡人常听人说，羽毛不够丰满的鸟儿不可以高飞，法令不完备的国家不可以出兵征战，道德不崇高的君主不可以统治万民，政教不清明的君主不可以号令大臣。如今先生不远千里而来到我秦国登庭指教，寡人内心非常感激，不过关于军国大计，最好还是等将来再说吧！”

【原文】

苏秦曰：“臣固疑大王之不能用也。昔者神农伐补遂[1]，黄帝伐涿鹿而禽蚩尤[2]，尧伐驩兜，舜伐三苗[3]，禹伐共工，汤伐有夏，文王伐崇，武王伐纣，齐桓任战而伯天下。由此观之，恶有不战者乎？古者使车毂击，言语相结，天下为一；约从连横，兵革不藏；文士并饬[4]，诸侯乱惑；万端俱起，不可胜理；科条既备，民多伪态；书策稠浊，百姓不足；上下相愁，民无所聊；明言章理，兵甲愈起；辩言伟服，战攻不息；繁称文辞，天下不治；舌弊耳聋，不见成功；行义约信，天下不亲。

“于是，乃废文任武，厚养死士，缀甲厉兵，效胜于战场。夫徒处而致利，安坐而广地，虽古五帝、三王、五伯[5]，明主贤君，常欲坐而致之。其势不能，故以战续之。宽则两军相攻，迫则杖戟相撞，然后可建大功。是故兵胜于外，义强于内；威立于上，民服于下。今欲并天下，凌万乘，诎敌国，制海内，子元元，臣诸侯，非兵不可！今之嗣主，忽于至道，皆惛于教，乱于治，迷于言，惑于语，沉于辩，溺于辞。以此论之，王固不能行也。”

【注释】

〔1〕补遂：古国名，一作辅遂。

〔2〕涿鹿：山名，在今河北省涿鹿县西部。

〔3〕三苗：古国名，在今湖南境内。

〔4〕饬：明辨。

〔5〕五帝：黄帝、颛顼、帝喾、尧、舜。三王：夏禹、商汤、周文武王。五伯（也作五霸）：有齐桓公、晋文公、秦穆公、楚庄王、宋襄公。

【译文】

苏秦说：“我本来就怀疑大王不肯听取我的意见，现在才证明果然如此。以前神农氏攻打补遂，黄帝讨伐涿鹿，擒获蚩尤，唐尧放逐驩兜，虞舜攻打三苗，夏禹王攻打共工，商汤王灭夏桀，周文王攻打崇侯，周武王灭商纣，齐桓公也是用战争而雄霸天下。由此看来，一个国家要想称霸天下，哪有不经过战争就能达到目的的？古代使者都坐着兵车奔驰，各国互相缔结口头盟约，谋求天下统一；虽然讲究合纵连横，却是战争不

黄　帝

尧

息；说客进行巧辩和权诈之术，致使诸侯慌乱疑惑，结果一切纠纷都从此发生，简直复杂到无法处理的地步。等到章程和法律都完备了，人们又常常做出虚伪的行为；文书、籍策杂乱烦琐，百姓生活贫困不足；君臣上下都愁眉不展，百姓无所仰赖。法令规章越多，战争发生的也就越多；能言善变穿着儒服的越多，战争就越发无法停止。凡事不顾根本而专门讲求文辞末节，天下就越发无法太平。因此说客的舌头说焦了，听的人耳朵都听聋了，却不见什么成效；做事即使讲义气守信用，也没办法使天下和平安乐。

“因此就废除文治而使用武力，多养敢死之士制作好各种甲胄，磨光了各种刀枪，然后到战场上去争胜负。大王要知道，什么也不做却想使国家富强，安居不动却要使国土扩大，即使是古代五帝、三王、五霸和明主贤君，若是经常想不用刀兵而获得这些，也是无法达到目的的，所以最后只好用战争来解决。距离远的就用强兵互相攻伐，距离近的就短兵相杀，只有如此才能建立伟大功业。所以军队得胜于外；正义治强于内；威权建立于上，人民自然服从于下。现在假如想要并吞天下，侵犯天子夺取王位，折服敌国统治天下，保护百姓号令诸侯，非用武力不行。可是如今继嗣君主，却都忽略了用兵的重要性，而且都不懂得教化人民；同时也不修明政治。常常被一些诡辩之士的言论所迷惑，又被一些游说之士所左右，而误信各种不适当的外交政策。照这样情形，大王一定不能实现连横。”

【原文】

说秦王书十上而说不行。黑貂之裘弊，黄金百斤尽，资用乏绝，去秦而归。羸縢履屩，负书担橐，形容枯槁，面目黎黑，状有归色[1]。归至家，妻不下纴，嫂不为炊，父母不与言。苏秦喟然叹曰：“妻不以我为夫，嫂不以我为叔，父母不以我为子，是皆秦之罪也。”

乃夜发书，陈箧数十，得《太公阴符》之谋[2]，伏而诵之，简练以为揣摩。读书欲睡，引锥自刺其股，血流至踵。曰：“安有说人主不能出其金玉锦绣，取卿相之尊者乎？”期年揣摩成。曰：“此真可以说当世之君矣！”

于是乃摩燕乌集阙[3]，见说赵王于华屋之下[4]，抵掌而谈。赵王大悦，封为“武安君[5]”。受相印，革车百乘，锦绣千纯，白璧百双[6]，黄金万溢[7]，以随其后，约从散横，以抑强秦。

【注释】

〔1〕译文依鲍本“归”作“愧”。

〔2〕太公：姜太公，吕尚。阴符：吕尚所著的兵书。

〔3〕燕乌集阙：宫阙名。

〔4〕赵王：赵肃侯。

〔5〕武安：赵地名，在今河北省武安县南。

〔6〕译文依鲍本“壁”作“璧”。

〔7〕译文依鲍本“溢”作“镒”。

【译文】

姜太公

苏秦游说秦王的奏章，虽然一连上了十次之多，但他的建议始终没被秦王采纳。他的黑貂皮袄也破了，一百两金币也用完了，最后甚至连房旅费都没有了，不得已只好离开秦国回到洛阳。他腿上打着裹脚，脚上穿着草鞋，背着一些破书，挑着自己的行囊，神情憔悴，面孔又黄又黑，很显失意。他回到家里以后，妻子织布不理他，嫂子也不肯给他做饭，甚至连父母都不跟他说话，因此他深深叹了口气说：“妻子不把我当丈夫，嫂子不把我当小叔，父母不把我当儿子，这都是我苏秦的罪过。”

当晚，苏秦就从几十个书箱里面找出一部姜太公著的《阴符》来。从此他就趴在桌上发奋钻研，选择其中重要的加以熟读，而且一边读一边揣摩时事。当他读书读到疲倦而要打瞌睡时，就用锥子刺自己的大腿，鲜血一直流到脚上。他自语道：“哪有游说人主而不能让他们掏出金玉锦绣，得到卿相尊位的呢？”过了一年，研究成功，他又自言自语地说：“现在我真的可以去游说各国君王了。”

于是苏秦就步入燕国的燕乌集宫门，在华屋之下游说赵肃侯。他对赵王滔滔不绝地说出合纵的外交政策，赵王听了非常高兴，立刻封他为武安君，并授以相印，兵车一百辆，锦绣一千束，白璧一百双，金币二十万两，车队尾随他后，到各国去约定合纵，拆散连横，以此压制强秦。

【原文】

故苏秦相于赵而关不通。当此之时，天下之大，万民之众，王侯之威，谋臣之权，皆欲决苏秦之策。不费斗粮，未烦一兵，未战一士，未绝一弦，未折一矢，诸侯相亲，贤于兄弟。夫贤人在而天下服，一人用而天下从，故曰：式于政，不式于勇；式于廊庙之内，不式于四境之外。

当秦之隆，黄金万溢为用，转毂连骑，炫熿于道，山东之国，从风而服，使赵大重。且夫苏秦特穷巷掘穴、桑户棬枢之士耳。伏轼撙衔，横历天下，廷说诸侯之王，杜左右之口，天下莫之能伉。

【译文】

所以当苏秦在赵国做宰相时，秦国不敢出兵函谷关。在这个时候，广大的天下、众多的百姓、威武的诸侯、掌权的谋臣，都要听苏秦来决定一切政策。然而并没费一斗军粮，没发一个兵卒，没派一员大将，没用坏一把弓，没损失一支箭，就使天下诸侯和睦相处，甚至于比亲兄弟还要亲近。可见贤明人士当权主政，天下都会服从他。所以说："应该运用政治号令天下，而不必用武力征服；要在朝廷上慎谋策划，而不必到边疆上去作战。"当苏秦大权在握，红极一时的时候，金帛二十万两供他使用。他所指挥的战车和骑兵连接不断，所到之处都显得威风八面，崤山以东的各诸侯王国，莫不望风听从他的号令，因而使赵国的地位格外受到尊重。说起苏秦这个人，只不过是一个住在陋巷，掘墙做门，砍桑做窗，用弯曲的木头做门框一类的穷人罢了；可他一旦坐上豪华的四马战车，骑着高头大马游历天下，到各国朝廷访问，使各诸侯王的亲信都不敢开口，天下就无人敢跟他对抗。

【原文】

将说楚王，路过洛阳，父母闻之，清宫除道，张乐设饮，郊迎三十里。妻侧目而视，倾耳而听；嫂虵行匍伏，四拜自跪而谢。苏秦曰："嫂，何前倨而后卑也？"嫂曰："以季子之位尊而多金[1]。"苏秦曰："嗟乎！贫贱则父母不子，富厚则亲戚畏惧。人生在世，势位富贵，盖可忽乎哉！”

【注释】

〔1〕季子：一说苏秦的字。

【译文】

苏秦要去游说楚威王，路过洛阳。父母得知，就赶紧整理房间、清扫道路，雇用乐队，准备酒席，到距城三十里远的地方去迎接；妻子斜着眼睛来看他的威仪，侧着耳朵来听他说话；而嫂子更跪在地上不敢站起，像蛇一样在地上爬，对苏秦一再叩头请罪。苏秦问：“嫂子你以前为什么对我那样傲慢不逊，而现在又为什么这样卑下呢？”他嫂子说：“因为现在你社会地位尊显而且钱多。”苏秦叹气一声说：“唉！一个人如果穷困落魄，连父母都不把他当儿子，然而一旦富贵之后，所以亲戚家人都感到畏惧。由此可见，一个人活在世界上，权势和富贵怎么能不顾呢！”

司马错与张仪争论于秦惠王前

【题解】

本文选自《秦策一》。

文中记述了司马错与张仪之间的一场争论。在秦国的攻伐对象应该是蜀还是韩、周的问题上，两人的意见针锋相对。张仪主张伐韩劫周，挟天子以令诸侯，以便早日称霸。司马错则认为那样做就会引起诸侯的反对，陷入复杂的矛盾之中，而秦国当前的力量尚不足以与众多的诸侯国相抗衡，因此伐韩劫周对秦不利。他主张避难就易，先伐巴蜀以利于富国强兵，然后再逐渐建立霸业。从两人的驳论中不难看出，司马错的意见符合秦国当时的政治经济形势，因而是切实可行的，所以被秦王采纳了。

【原文】

司马错与张仪争论于秦惠王前[1]。司马错欲伐蜀[2]，张仪曰："不如伐韩。"王曰："请闻其说。"

对曰："亲魏善楚，下兵三川[3]，塞轘辕[4]、缑氏之口[5]，当屯留之道[6]，魏绝南阳[7]，楚临南郑[8]，秦攻新城[9]、宜阳[10]，以临二周之郊，诛周主之罪，侵楚、魏之地。周自知不救，九鼎宝器必出[11]。据九鼎，按图籍，挟天子以令天下，天下莫敢不听，此王业也。今夫蜀，西辟之国，而戎狄之伦也[12]，弊兵劳众不足以成名，得其地不足以为利。臣闻：'争名者于朝，争利者于市。'今三川、周室，天下之市朝也，而王不争焉，顾争于戎狄，去王业远矣。"

【注释】

〔1〕司马错：秦人，官为司马，后来以官为氏。秦惠王：孝公之子，名驷，即惠文王。

〔2〕蜀：国名，在今四川成都一带。

〔3〕三川：指河、洛、伊三水，在今河南省黄河以南。

〔4〕轘辕：山名，有十二道山路，连环往复，山势峻峭，因此得名。在今河南省偃师县东南。

〔5〕缑氏：古地名，在今河南省偃师县东南嵩山口。

〔6〕屯留：韩地，在今山西省东南部，当时属上党地。即太行羊肠坂道。

〔7〕南阳：韩地，在今河南省济源与获嘉一带。

〔8〕南郑：古郑地，今河南省新郑县西北。

〔9〕新城：在今河南省伊川西南。

〔10〕宜阳：在今河南西部洛河中游。

〔11〕九鼎：传国之宝，夏亡商兴，成汤迁鼎至商邑。商灭周兴，周武迁鼎到洛邑。

〔12〕戎狄：古时中原人对西北各族的贱称，此处指巴蜀一带的少数民族。

【译文】

司马错跟张仪在秦惠王面前争论战事。司马错主张秦国应该先去攻打蜀国，可是张仪却反对说："不如先去攻打韩国。"秦惠王说："我愿听听你的意见。"

张仪回答说："我们先跟楚、魏两国结盟，然后再出兵到三川，堵住轘辕和缑氏山的通口，挡住屯留的孤道，这样魏国和南阳就断绝了交通，楚军逼近南郑，秦兵再攻打新城、宜阳，这样我们便兵临东西两周的城外，惩罚二周的罪过，并且可以进入楚、魏两国。周王知道自己的危急，一定会交出传国之宝。我们据有传国之宝，再按照地图户籍，假借周天子的名义号令诸侯，天下又有谁敢不听我们命令呢？这才是霸王之业。至于蜀国，那是一个在西方边远之地，野蛮人做酋长的国家，我们即使劳民伤财发兵前往攻打，也不足以因此而建立霸业；臣常听人说：'争名的人要在朝廷，争利的人要在市场。'现在三川周室，乃是天下的市场，可是大王却不去争，反去争夺戎、狄，这就距霸王之业太远了。"

【原文】

司马错曰："不然。臣闻之，欲富国者，务广其地；欲强兵者，务富其民；欲王者，务博其德。三资者备，而王随之矣。今王之地小民贫，故臣愿从事于易。夫蜀，西辟之国也，而戎狄之长也，而有桀、纣之乱。以秦攻之，譬如使豺狼逐群羊也。取其地，足以广国也；得其财，足以富民；缮兵不伤众，而彼已服矣。故拔一国，而天下不以为暴；利尽西海[1]，而诸侯不以为贪。是我一举而名实两附，而又有禁暴正乱之名。

"今攻韩，劫天子，劫天子，恶名也，而未必利也，又有不义之名，而攻天下之所不欲，危！臣请谒其故：周，天下之宗室也；齐，韩、周之与国也。周自知失九鼎，韩自知亡三川，则必将二国并力合谋，以因于齐、赵，而求解乎楚、魏。以鼎与楚，以地与魏，王不能禁。此臣所谓'危'，不如伐蜀之完也。"

【注释】

〔1〕西海：此处指蜀国。

【译文】

司马错说："事情并不像张仪所说的那样，据我所知：'要想使国家富强，务必先扩张领土；要想兵强马壮，必须先使人民富足；要想得到天下，一定先广施仁德。这三件事都做到以后，那么天下自然可以获得。'如今大王地盘小而百姓穷，所以臣渴望大王先从容易的地方着手。因为蜀国是一个偏僻小国，而且是戎狄之邦的首领，并且像夏桀、商纣一样的紊乱，如果用秦国的兵力去攻打蜀国，就好像派豺狼去驱逐羊群一般简单。秦国得到蜀国的土地可以扩大版图，得到蜀国的财富可以富足百姓；虽是用兵却不伤害一般百姓，并且又让蜀国自动屈服。所以秦虽然灭亡了蜀国，而诸侯不会认为是暴虐；即使秦抢走蜀国的一切珍宝，诸侯也不会以秦为贪。于是我们只要做伐蜀一件事，而就有名义上和实际上的两种收益，并且还可以得到除暴安良的美名。

"假如现在我们去攻打韩国，就等于是劫持天子，那会招致恶名，而且也不见得能获得什么利益，反而落得一个不义的坏名。而且是干天下人不愿做的事情，实在是一件危险的事。我请求讲明这个道理：周天子是天下的共主，同时齐是韩与周的友邦，周自己知道要失掉九鼎，韩自己清楚要失去三川，这样两国必然精诚合作，一方面联络齐、赵去解楚、魏之围，自动把九鼎献给楚，把土地自动割让给魏，这些都是大王所不能制止的，也就是臣所说的危险，实在不如先伐蜀才是万全之计。"

【原文】

惠王曰："善！寡人听子。"

卒起兵伐蜀，十月取之，遂定蜀。蜀主更号为侯，而使陈庄相蜀。蜀既属秦，秦益强富厚，轻诸侯。

【译文】

秦惠王说："好的！寡人听你的。"

于是秦国就出兵攻打蜀国，经过十个月的征讨，终于占领了蜀地，把蜀主的名号改为侯，并且派秦臣陈庄去做蜀的相国。蜀地既已划归秦国的版图，秦国就越发强盛富足，而且也更加轻视天下诸侯。

齐助楚攻秦

【题解】

本文选自《秦策二》。

本文通过张仪欺骗楚怀王与齐国绝交，然后乘机打败楚国一事，反映了战国时代诸侯之间互相倾轧、兼并的历史事实，讽刺了楚怀王的目光短浅、见利忘义和昏庸愚蠢，也谴责了张仪的不择手段和背信弃义。文中的陈轸虽然具有先见之明，能洞察出各国之间的政治形势，识破了张仪的阴谋，但他提出的赂秦损齐的计策，对齐国也是很不道义的。张仪此举的成功，大伤了楚国的元气，从而使之成了秦国兼并六国的转折点。

【原文】

齐助楚攻秦，取曲沃，其后〔1〕，秦欲伐齐，齐、楚之交善，惠王患之，谓张仪曰："吾欲伐齐，齐、楚方欢，子为寡人虑之，奈何？"张仪曰："王其为臣约车并币，臣请试之。"

张仪南见楚王〔2〕，曰："弊邑之王所甚说者，无大大王；唯仪之所甚愿为臣者，亦无大大王。弊邑之王所甚憎者，亦无先齐王〔3〕；唯仪之所甚憎者，亦无大齐王〔4〕。今齐王之罪，其于弊邑之王甚厚，弊邑欲伐之，而大国与之欢，是以弊邑之王不得事令，而仪不得为臣也。大王苟能闭关绝齐，臣请使秦王献商于之地〔5〕。方六百里。若此，齐必弱，齐弱则必为王役矣。则是北弱齐，西德于秦，而私商于之地以为利也，则此一计而三利俱至。"

【注释】

〔1〕曲沃：战国时有二曲沃。一在今山西省闻喜县东北，一在今河南省灵宝县东北。原属魏地，当时已归秦。

〔2〕楚王：怀王。

〔3〕鲍本衍"亦"字。鲍本"先"作"大"。

〔4〕齐王：应为湣王。

〔5〕商于：秦地。在今西安市东南。

【译文】

齐国帮楚国进攻秦国，攻下了曲沃。后来秦想要攻齐报仇，可是由于齐、楚交往很友善，秦惠王为此甚为忧虑，于是惠王就对张仪说："寡人想要发兵攻齐，无奈齐、楚两国关系正密切，请贤卿为寡人考虑一下怎么办才好？"张仪说："请大王为臣准备车马和金钱，让臣南去游说楚王试试看！"

于是张仪就南去楚国见楚怀王说："敝国国王最敬重的人莫过于大王了，我做臣子，也莫过于希望给大王您做臣子；敝国所最痛恨的君主莫过于齐王，而臣张仪最不愿臣事的君主也莫过于齐王。现在齐国的罪恶，对秦王来说是最严重的，因此秦国才准备发兵征讨齐国，无奈贵国跟齐国缔结有军事攻守同盟，以致使秦王无法好好侍奉大王，同时也不能使臣张仪做大王的忠臣。然而如果大王能关起国门跟齐断绝交邦，让臣劝秦王献上方圆六百里的商于土地。如此一来，齐就丧失了后援，而必然走向衰弱；齐走向衰弱以后，就必然听从大王的号令。由此看来，大王如果能这样做，楚国不但在北面削弱了齐国的势力，而又在西面对秦国施有恩惠，同时更获得了商于六百里的土地，这真是一举三得的上策。"

【原文】

楚王大说，宣言之于朝廷，曰："不谷得商于之地，方六百里。"群臣闻者毕贺，陈轸后见，独不贺。楚王曰："不谷不烦一兵，不伤一人，而得商于之地方六百里，寡人自以为智矣！诸士大夫皆贺，子独不贺，何也？"陈轸对曰："臣见商于之地不可得，而患必至也，故不敢妄贺。"王曰："何也？"对曰："夫秦所以重王者，以王有齐也。今地未可得而齐先绝，是楚孤也，秦又何重孤国？且先出地后绝齐，秦计必弗为也。先绝齐后责地，且必受欺于张仪。受欺于张仪，王必惋之。是西生秦患，北绝齐交，则两国兵必至矣[1]。"楚王不听，曰："吾事善矣！子其弭口无言，以待吾事。"楚王使人绝齐，使者未来，又重绝之。

【注释】

〔1〕两国：齐秦。

【译文】

楚怀王一听，非常高兴，就赶紧在朝宣布说："寡人已经从秦国得到商于六百里的肥沃土地！"群臣听了怀王的宣布，都一致向怀王道贺，唯独客卿陈轸最后晋见，而且根本不向怀王道贺。这时怀王就很诧异地问："寡人不发一卒，而且没有伤亡一名将士，就得到商于六百里土地，寡人认为这是一次外交上的极大胜利，朝中文武百官都向寡人道贺，偏只有贤卿一个人不道贺，这是为什么？"陈轸回答说："因为我认为，大王不但得不到商于六百里，反而会为此招来祸患，所以臣才不敢随便向大王道贺。"怀王问："什么道理呢？"陈轸回答说："秦王所以重视大王，是因为有齐国这样一个强大盟邦。如今秦国还没把地割给大王，大王就跟齐国断绝邦交，如此就会使楚国陷于孤立状态，秦国又怎会重视一个孤立无援的国家呢？何况如果先让秦割让土地，楚国再来跟齐断绝邦交，秦国必不肯这样做；要是楚国先跟齐断绝邦交，然后再向秦要求割让土地，那么必然遭到张仪的欺骗而得不到土地。受了张仪的欺骗，以后大王必然懊悔万分；结果是西面惹出秦国的祸患，北面切断了齐国的后援，这样秦、齐两国的兵都将进攻楚国。"楚怀王不听从，说："我的事已经办妥当了，你就闭口，不要再多说，你就等待寡人的事成吧！"于是怀王就派使前往齐国宣布跟齐断绝邦交，还没等第一个绝交使者回来，楚王竟急着第二次派人去与齐国绝交。

【原文】

张仪反，秦使人使齐，齐、秦之交阴合。楚因使一将军受地于秦。张仪至，称病不朝。楚王曰："张子以寡人不绝齐乎？"乃使勇士往詈齐王。张仪知楚绝齐也，乃出见使者曰："从某至某，广从六里。"使者曰："臣闻六百里，不闻六里。"仪曰："仪固以小人，安得六百里？"使者反报楚王，楚王大怒，欲兴师伐秦。陈轸曰："臣可以言乎？"王曰："可矣。"轸曰："伐秦非计也，王不如因而赂之一名都。与之伐齐，是我亡于秦而取偿于齐也。楚国不尚全乎？王今已绝齐，而责欺于秦，是

吾合齐、秦之交也，国必大伤。”楚王不听，遂举兵伐秦。秦与齐合，韩氏从之，楚兵大败于杜陵[1]。故楚之土壤士民非削弱，仅以救亡者，计失于陈轸，过听于张仪。

【注释】

〔1〕杜陵：楚地，在今陕西省旬阳县西部。

【译文】

张仪回到秦国之后，秦王就赶紧派使者前往齐国游说，秦齐的盟约暗暗缔结成功。果然不出陈轸所料，当楚国派一名将军去秦国接收土地时，张仪为了躲避楚国的索土使臣，竟然装病不上朝，楚怀王说：“张仪以为寡人不愿诚心跟齐国断交吗?”于是楚怀王就派了一名勇士前去齐国骂齐王，张仪在证实楚、齐确实断交以后，才勉强出来接见楚国的索土使臣，说：“敝国所赠送贵国土地，是这里到那里，方圆总共是六里。”楚国使者很惊讶地说：“臣只听说是六百里，却没听说是六里。”张仪赶紧郑重其事地巧辩说：“我张仪在秦国只不过是一个微不足道的小官，怎么能说有六百里呢?”楚国使节回国报告楚怀王以后，怀王大为震怒，就准备发兵去攻打秦国。这时陈轸走到楚王面前表示：“现在我可以说话了吗?”怀王说：“可以。”于是陈轸就很激动地说：“楚国发兵去打秦国，绝对不是一个好办法。大王实在不如趁此机会，不但不向秦要求商于六百里土地，反而再送给秦一个大都市，目的是跟秦连兵伐齐，如此或许可以把损失在秦国手中的再从齐国得回来，这不就等于楚国没有损失吗？大王既然已经跟齐国绝交，现在又去责备秦国的失信，岂不是等于在加强秦、齐两国的邦交吗?这样的话，楚国必受大害！”可惜楚怀王仍然没有采纳陈轸的忠谏，而是照原定计划发兵北去攻打秦国。秦、齐两国组成联合阵线，同时韩国也加入了他们的军事同盟，结果楚军被三国联军在杜陵打得惨败。可见，楚国的土地并非不大，而人民也并非比其他诸侯软弱，但是之所以会弄到几乎要亡国的惨境，就是由于怀王没采纳陈轸的忠实良言，而过于听信张仪诡诈游说的缘故。

范雎至秦

【题解】

本文选自《秦策三》。

本文记叙了策士范雎向秦昭王进献谋略而取得高位的故事。当时的秦国，以秦昭王的母亲宣太后和舅舅穰侯魏冉为首的贵族势力很大。他们独揽国政，横行猖獗，而又骄奢淫逸，千方百计地扩充私家势力而危害国家利益，并排斥六国入秦的士人，用以架空秦昭王。范雎以敏锐的眼光看出了秦国政治上的弊病，认为秦国要想称霸天下，对内必须铲除腐朽的奴隶主贵族势力，对外必须采取灵活有利的外交政策。后来，他得到秦王的信任和重用而登上了政治舞台，对秦国的富强和发展起了极为重要的积极作用。

【原文】

范雎至秦，王庭迎，谓范雎曰："寡人宜以身受令久矣！今者义渠之事急，寡人日自请太后。今义渠之事已，寡人乃得以身受命。躬窃闵然不敏，敬执宾主之礼。"范雎辞让。

是日见范雎，见者无不变色易容者。秦王屏左右，宫中虚无人。秦王跪而请曰："先生何以幸教寡人？"范雎曰："唯唯！"有间，秦王复请，范雎曰："唯唯！"若是者三。

【译文】

范雎来到秦宫，秦王亲自到大厅迎接。秦王对范雎说："我很久以来，就该亲自来领受您的教导，正碰上要急于处理义渠国的事务，而我每天又要亲自给太后问安；现在义渠国的事已经处理完毕，我这才能够亲自领受您的教导了。我深深感到自己愚蠢糊涂。"于是秦王以正式的宾主礼仪接待了范雎，范雎也表示谦让。

这天，凡是见到范雎的人，没有不肃然起敬，另眼看待的。秦王把左右的人支使出去，宫中只剩下他们两人，秦王直起腰腿，

跪身请求说："先生怎样来教导我呢？"范睢只是"啊啊"了两声。过了一会儿，秦王再次请求，范睢还是"啊啊"了两声。就这样一连三次。

【原文】

秦王跽曰[1]："先生不幸教寡人乎？"

范雎谢曰："非敢然也！臣闻始时吕尚之遇文王也，身为渔父而钓于渭阳之滨耳，若是者，交疏也。已，一说而立为太师，载与俱归者，其言深也。故文王果收功于吕尚，卒擅天下，而身立为帝王。即使文王疏吕尚而弗与深言，是周无天子之德，而文、武无与成其王也。今臣，羁旅之臣也，交疏于王；而所愿陈者，皆匡君之事，处人骨肉之间，愿以陈臣之陋忠，而未知王心也，所以王三问而不对者是也。臣非有所畏而不敢言也，知今日言之于前，而明日伏诛于后，然臣弗敢畏也。大王信行臣之言，死，不足以为臣患；亡，不足以为臣忧；漆身而为厉[2]，被发而为狂，不足以为臣耻。五帝之圣焉而死，三王之仁焉而死，五伯之贤焉而死，乌获之力焉而死，奔、育之勇焉而死。死者，人之所必不免也；处必然之势，可以少有补于秦，此臣之所大愿也，臣何患乎？伍子胥橐载而出昭关，夜行而昼伏，至于凌水，无以餬其口，坐行蒲服，乞食于吴市，卒兴吴国，阖庐为霸；使臣得进谋如伍子胥，加之以幽囚，终身不复见，是臣说之行也，臣何忧乎？箕子、接舆，漆身而为厉，被发而为狂，无益于殷、楚；使臣得同行于箕子、接舆，可以补所贤之主，是臣之大荣也，臣又何耻乎？臣之所恐者，独恐臣死之后，天下见臣尽忠而身蹶也[3]，是以杜口裹足，莫肯即秦耳！足下上畏太后之严，下惑奸臣之态；居深宫之中，不离保傅之手；终身暗惑，无与照奸；大者宗庙灭覆，小者身以孤危。此巨之所恐耳！若夫穷辱之事，死亡之患，臣弗敢畏也。臣死而秦治，贤于生也。"

【注释】

〔1〕跽：长跪。

〔2〕厉：通“癞”，疮肿。

〔3〕蹶：摔倒。比喻失败或挫折。

【译文】

秦王又拜请说：“先生硬是不教导我了吗？”

范雎便恭敬地解释说：“我并不敢这样。我听说，当初吕尚与文王相遇的时候，他只是一个渔夫，在渭河钓鱼而已，那时，他们交情疏远。此后，当吕尚一进言，就被尊为太师，和文王同车回去，这是因为他谈得很深刻的缘故。所以文王终于因吕尚而建立了功业，最后掌握了天下的大权，自己立为帝王。如果文王当时疏远吕尚，不与他深谈，周朝就不可能有天子的圣德，而文王、武王也不可能成就帝王的事业。现在，我只是个旅居在秦国的宾客，与大王交情疏远，但是希望陈述的又都是纠正君王政务的大事，而且还将干预骨肉之亲。我本想陈述我的愚忠，可又不知大王的心意如何，所以大王三次问我，我都没有回答。我并不是有什么畏惧而不敢进言。我知道，今天在大王面前说了，明天随后就会遭到杀身之祸。但是，我并不畏惧，大王真能按照我的计谋去做，我即使身死，也不会以为是祸患；即使流亡，也不会以此为忧虑；即使不得已漆身为癞，披发为狂，也不会以此为耻辱。五帝是天下的圣人，但终究要死；三王是天下的仁人，但终究要死；五霸是天下的贤人，但终究要死；乌获是天下的大力士，但终究要死，孟贲、夏育是天下的勇士，但终究要死。死，是人人都不可避免的，这是自然界的必然规律。如果能够稍有补益于秦国，这就是我最大的愿望，我还有什么可忧虑的呢？伍子胥当年是躲藏在口袋里，逃出昭关的，他晚上出行，白天躲藏，到了凌水，吃不上饭饿着肚皮，双膝跪地，双手爬行，在吴市讨饭度日，但终于帮助阖庐复兴了吴国，使吴王阖庐建立了霸业。如果让我像伍子胥一样能呈献计谋，即使遭到囚禁，终生不再出狱，只要能实现我的计谋，我还有什么可忧虑的呢？当初箕子、接舆，漆身为癞，披发为狂，却终究无益于殷、楚。如果使我与箕子、接舆有同样的遭遇，也漆身为癞，只要有益于圣明的君王，这就是我最大的光荣，我又有什么可感到耻辱的呢？我所担心的是，我死了以后，人们见到我这样尽忠于大王，终究还是身死，因此人们都闭口不言，裹足不前，不肯到秦国来。大王对上畏惧太后的威严，对下

箕　子

又迷惑于大臣的伪诈，住在深宫之中，不离保傅之手，终身迷惑糊涂，不能了解坏人坏事。这样，大而言之，则使得国家遭受灭亡之祸，小而言之，则使得自己处于孤立的危境。这就是我所担心害怕的。至于穷困、受辱这样的事，身死、流浪这样的不幸，并不是我所害怕的。如果我死了，秦国却治理得很好，这比我活着更要好得多。”

【原文】

秦王跽曰：“先生是何言也！夫秦国僻远，寡人愚不肖，先生乃幸至此，此天以寡人慁先生[1]，而存先王之宗庙也。寡人得受命于先生，此天所以幸先王而不弃其孤也。先生奈何而言若此？事无大小，上及太后，下至大臣，愿先生悉以教寡人，无疑寡人也！”范雎再拜，秦王亦再拜。

范雎曰：“大王之国，北有甘泉、谷口，南带泾、渭，右陇、蜀，左关、阪，战车千乘，奋击百万；以秦卒之勇，车骑之多，以当诸侯，譬若驰韩卢而逐蹇兔也[2]，霸王之业可致。今反闭关而不敢窥兵于山东者，是穰侯为国谋不忠，而大王之计有所失也！”

【注释】

〔1〕慁：搅扰。

〔2〕韩卢：俊犬名。

【译文】

秦王跪身说：“先生怎么说出这样的话呢？秦国是个偏僻边远的国家，我又是个没有才能的愚人，先生能到敝国来，这是上天让我来烦扰先生，使得先王留下的功业不至中断。我能接受先生的教导，这是上天要先生扶助先王，不抛弃我。先生怎么说出这样的话呢？今后事无大小，上至太后，下及大臣，所有一切，都希望先生一一给我教导，千万不要对我有什么疑惑。”范雎因而再次拜谢，秦王也再次回拜。

范雎说：“大王的国家，北有甘泉、谷口，南绕泾水和渭水的广大地区，西面有陇山、蜀地，东面有函谷关、崤山，战车有千辆，精兵有百万。拿秦国兵卒的勇敢，车骑的众多，来抵挡诸侯国，就如驰猛犬去追赶跛兔一般，轻易就可造成霸王的功业。如今反而闭锁函谷关门，兵卒不敢向山东诸侯窥视一下，这是穰侯魏冉为秦国谋划不忠实，而大王的策略有所失误啊！”

【原文】

王曰：“愿闻所失计。”

雎曰：“大王越韩、魏而攻强齐，非计也。少出师，则不足以伤齐；多之，则害于秦。臣意王之计欲少出师而悉韩魏之兵，则不义矣！今见与国之不可亲，越人之国而攻，可乎？疏于计矣！昔者，齐人伐楚，战胜，破军杀将，再辟地千里，尺寸之地无得者，岂齐不欲地哉？形弗能有也。诸侯见齐之罢露[1]，君臣之不亲，举兵而伐之，主辱军破，为天下笑。所以然者，以其伐楚而肥韩、魏也。此所谓借贼兵而赍盗食者也。王不如远交而近攻，得寸则王之寸；得尺亦王之尺也。今舍此而远攻，不亦缪乎？且昔者中山之地方五百里，赵独擅之，功成、名立、利附，则天下莫能害。今韩、魏，中国之处，而天下之枢，王若欲霸，必亲中国而以为天下枢，以威楚、赵。赵强则楚附，楚强则赵附，楚、赵附则齐必惧，惧必卑辞重币以事秦；齐附而韩魏可虚也。”

【注释】

〔1〕罢：同“疲”。露：败。

【译文】

秦王说：“愿闻所以失计之处！”

范雎说：“大王越过韩、魏的国土去进攻强齐，这不是好的计谋。出兵少了，并不能够损伤齐国；多了，则对秦国有害。臣揣大王的计谋，是想本国少出兵，而让韩、魏全部出兵，这就不相宜了。如今明知盟国不可以信任，却越过他们的国土去作战，这可以吗？显然是疏于计算了！从前，齐国攻伐楚国，打了大胜仗，攻破了楚国军队，擒杀了它的将帅，两次拓地千里，终于连寸土也没有得到，难道是齐国不想得到土地吗？疆界形势不允许它占有啊！诸侯见齐国士卒疲弊，君臣不和睦，起兵来攻打它，齐湣王出走，军队被攻破，遭到天下人的耻笑。所以落得如此下场，就因为它伐楚

而使韩、魏获得土地壮大起来。这就是所说的借给强盗兵器而资助小偷粮食啊！大王不如采取结交远国而攻击近国的策略，得到寸土是王的寸土，得到尺地是王的尺地。如今舍近而攻远，这不是个错误吗？且说从前，中山国的土地，方圆有五百里，赵国单独把它吞并，功业也成就了，声名也树立了，财利也归附了，天下也没能把赵国怎么样。如今韩、魏的形势，居各诸侯国的中央，是天下的枢纽。大王如果想要成就霸业，一定先要亲近居中的国家而用它做天下的枢纽，来威胁楚国和赵国。赵国强盛，那么楚就要附秦；楚国强盛，那么赵就要附秦。楚、赵都来附秦，齐国一定恐慌，齐国恐慌肯定会卑下言辞、加重财礼来服侍秦国。如果齐国归附，那么韩、魏就有虚可乘了。”

【原文】

王曰：“寡人欲亲魏，魏多变之国也，寡人不能亲。请问亲魏奈何？”范睢曰：“卑辞重币以事之；不可削地而赂之；不可，举兵而伐之。”于是举兵而攻邢丘，邢丘拔而魏请附。

曰：“秦、韩之地形，相错如绣。秦之有韩，若木之有蠹，人之病腹心。天下有变，为秦害者，莫大于韩。王不如收韩？”王曰：“寡人欲收韩，韩不听，为之奈何？”

范睢曰：“举兵而攻荥阳，则成皋之路不通；北斩太行之道，则上党之兵不下；一举而攻荥阳，则其国断而为三。韩见必亡，焉得不听？韩听，而霸事可成也。”王曰：“善。”

【译文】

秦王说：“寡人本想亲睦魏国，但魏的态度变幻莫测，寡人无法亲善它。请问怎么办才能亲魏呢？”范睢说：“卑下言辞，加重财礼来服侍它。这样不行，就割地来赂赠它。这样还不行，就起兵来攻伐它。”于是起兵来攻打邢丘，邢丘被攻陷，而魏国来请求归附。

范睢说：“秦、韩两国的地形，相交错有如锦绣。秦旁有韩存在，就像树木有蠹虫，人有心腹之疾一样。天下一朝有变，危害秦国的，没有比韩国再大的。王不如使韩归附于秦。”秦王说：“寡人打算使韩来附，韩国不听从，可怎么办呢？”

范雎说：“起兵而攻打荥阳，那么成皋的道路就不通了；北部截断太行的道路，那么上党的兵也就不能南下了；一举而拿下荥阳，那么韩国将分成孤立的三块（谓新郑、成皋、泽潞）。韩国看到自身将要覆亡，怎么能够不听从呢？韩国一顺从，那么霸业就可以成功了。”秦王说：“这很好！”

邹忌修八尺有余

【题解】

本文选自《齐策一》。

这是一则脍炙人口的故事。齐相邹忌的妻妾、客人出于不同的动机，一致夸大邹忌的美貌，但邹忌却有自知之明，他冷静地思考，看清了事情的真相，从中悟出了深刻的道理，于是就拿这件事作比喻，劝谏齐王不要在赞美声中自我陶醉。因为地位高的人容易受到阿谀和蒙蔽，只有广开言路，虚心接受批评和建议，并积极地加以改正，才能修明政治。齐王接受了他的建议，果然收到了富国强兵的政治效果。

【原文】

邹忌修八尺有余，身体昳丽。朝服衣冠窥镜，谓其妻曰：“我孰与城北徐公美[1]？”其妻曰：“君美甚，徐公何能及公也！”城北徐公，齐国之美丽者也。忌不自信，而复问其妾曰：“吾孰与徐公美？”妾曰：“徐公何能及君也！”旦日，客从外来，与坐谈，问之客曰：“吾与徐公孰美？”客曰：“徐公不若君之美也！”

明日，徐公来。孰视之，自以为不如；窥镜而自视，又弗如远甚。暮，寝而思之曰：“吾妻之美我者，私我也；妾之美我者，畏我也；客之美我者，欲有求于我也。”

【注释】

〔1〕徐公：《十二国史》作“徐君平”。

【译文】

齐相邹忌身高八尺有余，是一位相貌奇伟英俊的美男子，有一天早晨他穿好衣上朝时，一边照镜子一边对夫人说："你说我跟城北徐公哪一个长得英俊？"夫人回答说："当然是你长得英俊啦，徐公怎能和你比？"邹忌说的城北的徐公，是齐国有名的美男子。邹忌听他妻说他比徐公还美，自己却不太相信，于是又去问自己的妾："我跟徐公谁长得英俊？"妾回答说："徐公无法与您相比。"第二天早晨有客来访，邹忌跟客人谈话时，他又问客人说："我和徐公谁长得英俊？"客人回答说："徐公当然不如阁下啦！"

第二天徐公来到邹忌家，邹忌仔细看看徐公，自己认为并不如徐公英俊；再对着镜子仔细看看自己也觉得远不如徐公英俊。到了当天夜里，邹忌躺在床上想，并且自言自语道："我妻夸赞我英俊是出于爱我，我妾夸赞我英俊是惧怕我，客人夸赞我英俊是有求于我。"

【原文】

于是入朝见威王[1]，曰："臣诚知不如徐公美，臣之妻私臣，臣之妾畏臣，臣之客欲有求于臣，皆以美于徐公。今齐地方千里，百二十城，宫妇左右，莫不私王；朝廷之臣，莫不畏王；四境之内，莫不有求于王。由此观之，王之蔽甚矣！"王曰："善。"乃下令："群臣吏民，能面刺寡人之过者，受上赏；上书谏寡人者，受中赏；能谤议于市朝，闻寡人之耳者，受下赏。"

令初下，群臣进谏，门庭若市。数月之后，时时而间进。期年之后[2]，虽欲言，无可进者。燕、赵、韩、魏闻之，皆朝于齐。此所谓战胜于朝廷。

【注释】

〔1〕威王：齐威王，名田齐。

〔2〕期年：一周年。

【译文】

于是邹忌在上朝时对齐威王说："臣确实知道远不如徐公英俊，但是由于臣的妻爱臣，臣的妾怕臣，臣的客有求于臣，于是他们就都夸赞臣比徐公英俊。如今齐国地方千里，是有一百二十个城池的大国，宫妃嫔娥都爱君王，而朝廷群臣都怕君王。由此可见，君王被人蒙蔽得一定很厉害。"齐威王说："贤卿的话很有道理。"于是齐威王乃立刻颁布诏令说："从今以后，凡是齐国臣民，能够当面指出寡人过错的，可接受'上赏'；上书极力直谏寡人过错的，可接受'中赏'；能在街头巷尾批评寡人过错的，可接受'下赏'。"

这道诏令刚一公布，群臣就争相谏诤，王宫门庭若市，几个月以后还经常有人向朝廷进言，满一年以后，想要进言的人已无言可进，因为所有的意见都已献给朝廷。燕、赵、韩、魏等国听到这个消息以后，都纷纷派使臣到齐国来朝贡，这就是所谓"在朝廷内战胜敌国"。

昭阳为楚伐魏

【题解】

本文选自《齐策二》。

策士们为了使自己的说辞更有说服力，往往在抽象议论中插入妙趣横生的寓言故事，用以自然、生动地表达出他要阐述的深刻道理。

策士陈轸站在齐国一边，劝说楚将昭阳放弃攻打齐国的计划。他抓住昭阳患得患失的心理特点，用"画蛇添足"的比喻，形象地说明昭阳再去攻打齐国是一种多此一举的事情。昭阳从个人的利害出发，认识到攻齐对自己并无任何好处，就只好退兵回国了。

【原文】

昭阳为楚伐魏[1]，覆军杀将得八城，移兵而攻齐。陈轸为齐王使[2]，见昭阳，再拜贺战胜，起而问："楚之法，覆军杀将，其官爵何也？"昭阳曰："官为上柱国[3]，爵为上执珪[4]。"陈轸曰："异贵于此者何也？"曰："唯令尹耳[5]。"

陈轸曰："令尹贵矣！王非置两令尹也，臣窃为

公譬可也。楚有祠者，赐其合人一卮酒。舍人相谓曰：‘数人饮之不足，一人饮之有余。请画地为蛇，先成者饮酒。’一人蛇先成，引酒且饮之，乃左手持卮，右手画蛇，曰：‘吾能为之足。’未成，一人之蛇成，夺其卮曰：‘蛇固无足，子安能为之足。’遂饮其酒。为蛇足者，终亡其酒。今君相楚而攻魏，破军杀将得八城，又移兵，欲攻齐，齐畏公甚，公以是为名居足矣，官之上非可重也。战无不胜而不知止者，身且死，爵且后归，犹为蛇足也。”昭阳以为然，解军而去。

【注释】

〔1〕昭阳：楚怀王之将。

〔2〕齐王：齐威王。

〔3〕上柱国：楚国最高武官。

〔4〕上执珪：楚国最高的爵位。 珪，一种长条形玉器。

〔5〕令尹：楚国最高的官职，是出任宰相的上卿，执掌军政大权。

【译文】

昭阳率楚军攻打魏国，歼灭敌军杀死敌将，攻下魏国八座城池之后，就转兵去攻打齐国。陈轸作为齐王使臣，前往拜见昭阳。再拜之后祝贺昭阳的战事胜利，陈轸起立问昭阳：“按照楚国法律，消灭敌军杀死敌将时，应该获得什么官爵的封赏？”昭阳回答说：“赏赐上柱国的官职，封给上执珪的爵位。”陈轸说：“除此还有什么其他官爵比这更尊贵的吗？”昭阳回答说：“那只有令尹了。”

于是陈轸说：“令尹的确是最尊贵的官位，但楚王却不可能有两个令尹。臣愿意为将军打一个比喻。楚国有个人祭完祖先后，想要用一杯酒请他的门客喝，门客互相商议的结果是：‘给我们这几个喝不够，一个人喝又太多，让我们在地上画一条蛇，谁先画成谁先喝。’这时有一个人先把蛇画好，于是拿起酒来就要喝，他左手端着酒杯，用右手继续画着说：‘我能给蛇画上脚。’还没等这个人把脚画成，另一个人也画好了一条蛇，并且从方才那个人手中夺过酒杯说：‘蛇本来就没有脚，你怎么能给它画脚呢？’于是这个人就喝下了这杯酒，画蛇添足的人失去了他的酒。现在将军辅佐楚国攻打魏，消灭敌军杀死敌将，占领了魏国的八个城池，楚国的将士还很疲惫，将军却想要继续攻打齐国，齐国固然非常恐惧将军，然而要知道，将军的名已经够了，官上面已经不能再加官。您战无不胜，却不懂适可而止。凡是战无不胜却不知道适可而止的人，自己将招来杀身之祸，官爵还是归属别人，那道理就像‘画蛇添足’一般。”昭阳认为陈轸的话很有道理，于是撤军而去。

齐人有冯谖者

【题解】

本文选自《齐策四》。

齐国寒士冯谖投奔到孟尝君门下做食客。他虽然胸怀大志，富有才干和远见，但并不炫耀自己，因此最初曾一度受到冷遇。他为了要求提高生活待遇曾三次“弹铗而歌”，虽然遭受到其他食客的讥笑，但孟尝君对他还是很宽厚的。后来，冯谖在为孟尝君到薛地收债的过程中施展了高明的政治手腕，在孟尝君尚不理解的情况下为之营造了“三窟”，从而使孟尝君摆脱了困境，解除了后顾之忧，大大地巩固了统治地位。

【原文】

齐人有冯谖者，贫乏不能自存，使人属孟尝君，愿寄食门下。孟尝君曰：“客何好？”曰：“客无好也。”曰：“客何能？”曰：“客无能也。”孟尝君笑而受之，曰：“诺。”左右以君贱之也，食以草具。

居有顷，倚柱弹其剑，歌曰：“长铗归来乎[1]！食无鱼。”左右以告，孟尝君曰：“食之，比门下之鱼客。”居有顷，复弹其铗，歌曰：“长铗归来乎！出无车。”左右皆笑之，以告，孟尝君曰：“为之驾，比门下之车客。”于是乘其车，揭其剑，过其友，曰：“孟尝君客我！”后有顷，复弹其剑铗，歌曰：“长铗归来乎！无以为家。”左右皆恶之，以为贪而不知足。孟尝君问：“冯公有亲乎？”对曰：“有老母。”孟尝君使人给其食用，无使乏。于是冯谖不复歌。

【注释】

〔1〕铗：剑把。

【译文】

齐国人有个叫冯谖的，家境贫穷，不能维持自己的生活，托人请求孟尝君，说愿意投靠门下混碗饭吃，孟尝君问："客人有什么爱好？"回答说："客人没有什么爱好。"又问："客人有什么本事？"回答说："客人没有什么本事。"孟尝君笑了笑，答应收留他，说："好罢。"孟尝君左右亲近的人以为孟尝君看不起冯谖，就给他粗劣的饭菜。

过了不久，冯谖靠在柱子上，弹着他的剑，歌唱道："长剑啊，咱们还是回去吧，吃饭没有鱼。"左右管事的人把这情况告诉孟尝君。孟尝君说："给他吃鱼，按照鱼客的待遇。"过了不久，冯谖又弹着他的剑，歌唱道："长剑啊！咱们还是回去吧，出门没有车。"左右的人都讥笑他，把这一情况告诉孟尝君，孟尝君说："给他准备车马，按照车客的待遇。"于是，冯谖乘上车子，举起宝剑，去见他的朋友，说："孟尝君尊我为上客。"过了不久，冯谖又弹着他的剑，歌唱道："长剑啊！咱们还是回去吧，没有东西养家。"左右人都很厌恶他，认为他是一个贪得无厌的人。孟尝君问："冯先生有亲属吗？"左右的人回答说："家有老母。"孟尝君便派人供应他家的吃用，不使他缺少什么，于是冯谖不再唱歌了。

【原文】

后孟尝君出记〔1〕，问门下诸客："谁习计会，能为文收责于薛者乎〔2〕？"冯谖署曰："能。"孟尝君怪之，曰："此谁也？"左右曰："乃歌夫'长铗归来'者也。"孟尝君笑曰："客果有能也，吾负之，未尝见也。"请而见之谢曰："文倦于事，愦于忧〔3〕，而性懧愚〔4〕，沉于国家之事，开罪于先生。先生不羞，乃有意欲为收责于薛乎？"冯谖曰："愿之。"于是约车治装，载券契而行，辞曰："责毕收，以何布而反？"孟尝君曰："视吾家所寡有者。"

【注释】

〔1〕记：文告。

〔2〕责：同“债”。

〔3〕愦：昏乱，糊涂。

〔4〕怜愚：困劣，懦弱愚蠢。

【译文】

后来，孟尝君拿出账簿，问门下的食客：“谁熟悉会计，能为我到薛邑去收债吗？”冯谖签上名，写了个“能”字。孟尝君诧异说：“这人是谁呢？”下人说：“是唱‘长剑回去’的那个人。”孟尝君笑说：“客人果然是有专长啊！我很抱歉，没有能见一见。”于是，请他来见，谢罪说：“文事务缠身，忧思昏愦，而秉性愚弱，沉溺于国事家事，得罪于先生。先生不以为羞，竟愿意代我到薛地去讨债吗？”冯谖说：“愿意。”于是套车准备行装，载着文书契约启程，辞行说：“收完债，置买些什么回来呢？”孟尝君说：“看我家所缺少的东西。”

【原文】

驱而之薛，使吏召诸民当偿者，悉来合券。券遍合，起，矫命以责赐诸民[1]，因烧其券。民称万岁。

长驱到齐，晨而求见。孟尝君怪其疾也，衣冠而见之，曰：“责毕收乎？来何疾也！”曰：“收毕矣。”“以何市而反？”冯谖曰：“君云‘视吾家所寡有者’，臣窃计，君宫中积珍宝，狗马实外厩，美人充下陈，君家所寡有者，以义耳！窃以为君市义。”孟尝君曰：“市义奈何？”曰：“今君有区区之薛，不拊爱子其民，因而贾利之！臣窃矫君命，以责赐诸民，因烧其券，民称万岁，乃臣所以为君市义也。”孟尝君不说，曰：“诺！先生休矣！”

【注释】

〔1〕矫命：假传命令。

【译文】

车驾奔驰到薛。使小吏召集诸民债户，都来验合债券。债券验合完毕，冯谖起身假托孟尝君命令，把欠债赐还诸民，遂当场烧掉债券，民众高呼“万岁”。

然后，车驾直奔回齐，天明求见孟尝君。孟尝君对回来这么快有点奇怪，穿戴好衣冠接见冯谖，问说：“债收完了吗？为何回来这样快呀！”答说：“收完了。”“买些什么回来呢？”冯谖说：“您说‘看我家所缺少的东西’。臣私下思忖，您宫内堆积珍宝，狗马挤满外厩，美女充斥下列。您家所少有的，唯‘义’而已。私下已经为您买‘义’来了。”孟尝君问：“买‘义’怎么样？”答说：“现在您有一小块薛，不去抚爱、滋养它的百姓，从而刮剥它的财富。臣私自假借您的命令，把欠债赏还给百姓，因而烧毁债券，民众高呼‘万岁’。这就是臣为您买到的‘义’呀！”孟尝君不高兴地说：“嗯，先生算了吧！”

【原文】

后期年，有毁孟尝君于闵王，齐王谓孟尝君曰：“寡人不敢以先王之臣为臣！”孟尝君就国于薛，未至百里，民扶老携幼迎君道中。孟尝君顾谓冯谖曰：“先生所为文市义者，乃今日见之！”冯谖曰：“狡兔有三窟，仅得免其死耳！今君有一窟，未得高枕而卧也！请为君复凿二窟！”孟尝君予车五十乘，金五百斤，西游于梁。谓惠王曰：“齐放其大臣孟尝君于诸侯，诸侯先迎之者，富而兵强。”于是梁王虚上位，以故相为上将军，遣使者黄金千金、车百乘往聘孟尝君。冯谖先驱，诫孟尝君曰：“千金，重币也；百乘，显使也。齐其闻之矣！”梁使三反，孟尝君固辞不往也。齐王闻之，君臣恐惧，遣太傅赍黄金千斤，文车二驷，服剑，封书，谢孟尝君，曰：“寡人不祥，被于宗庙之祟，沉于谄谀之臣，开罪于君。寡人不足为也，愿君顾先王之宗庙，姑反国统万人乎？”冯谖诫孟尝君曰：“愿请先王之祭器，立宗庙于薛。”庙成，还报孟尝君曰：“三窟已就，君姑高枕为乐矣！”

孟尝君为相数十年，无纤介之祸者，冯谖之计也。

【译文】

一年以后，齐王对孟尝君说："寡人不敢用先王旧臣为臣。"孟尝君回到封国薛，还差百里未到，民众扶老携幼，在路旁迎接孟尝君。孟尝君回头对冯谖说："先生为文所买的'义'，今天方才看到。"冯谖说："狡兔有三个洞穴，仅仅能够免死而已。如今只有一个'洞穴'，还不能高枕而卧。请为您再凿两个'洞穴'。"孟尝君给他车五十辆，黄金五百斤，西游于魏，对惠王说："齐王把他的大臣孟尝君放给诸侯，诸侯先迎得到的，就能够国富而兵强。"于是魏王空着高位，徙原丞相为上将军，派遣使者，携带黄金千斤，使车百辆，去聘请孟尝君。冯谖先驰回国，告诫孟尝君说："千金，是很重的财礼；百辆，是很显赫的使者。齐国都将听到这件事啦！"魏使往返三次，孟尝君固辞不就。齐王闻知，君臣惶恐，派遣太傅携带黄金千斤，彩车二辆，佩剑一条，书信一封，向孟尝君道歉说："寡人不祥，撞见鬼神作祟，惑于谄谀之臣，得罪了你，寡人不配做齐国之君。愿你看顾先王宗庙，姑且返齐来统理万民吧！"冯谖告诫孟尝君说："希望请求先王的祭器，在薛设立宗庙。"庙成，冯谖还报孟尝君说："三'穴'业已凿成，您就高枕为乐吧！"

孟尝君相齐几十年，而无纤芥之微的祸患，是出于冯谖的谋划呀。

齐宣王见颜斶

【题解】

本文选自《齐策四》。

国君与士人谁尊谁卑？在封建社会，认为"王者贵"，是天经地义的，而布衣之士颜斶却不屈服于这种传统的看法。他公开声言"士贵耳，王者不贵"，并列举了许多历史上士人对国家的卓越贡献，说明统治者"得士则兴，失士则亡"的道理。他指出国君对待士人的态度如何，会影响到人才的去留，因此当政者必须礼贤下士。

【原文】

齐宣王见颜斶曰[1]："斶前！"斶亦曰："王前！"宣王不悦。左右曰："王，人君也。斶，人臣也！王曰'斶前'，斶亦曰'王前'，可乎？"斶对曰："夫斶前为慕势，王前为趋士。与使斶为慕势，不如使王为趋士。"

王忿然作色曰："王者贵乎？士贵乎？"对曰："士贵耳，王者不贵。"王曰："有说乎？"斶曰："有。昔者秦攻齐，令曰：'敢有去柳下季垄五十步而樵采者[2]，罪死不赦。'令曰：'有能得齐王头者，封万户侯，赐金千镒。'由是观之，生王之头，曾不若死士之垄也。"宣王默默不悦。

【注释】

〔1〕颜斶：齐国隐士。

〔2〕柳下季：柳下惠。姓展名获字禽，鲁国贤人，居于柳下，因此称柳下季。

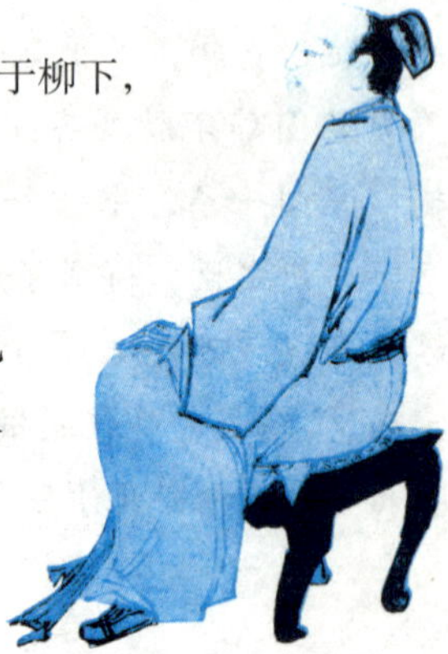

【译文】

齐宣王召见颜斶说："颜斶你到前面来！"颜斶也对齐宣王说："大王，你到前面来！"齐王听了这话很不高兴，左右侍臣警告颜斶："大王身为君主，你是人臣。大王可以对你说'你到前面来'，但是你却不可以对大王说'你到前面来'！"颜斶回答说："我颜斶到大王前面来有贪慕权势的嫌疑，大王到我前面来是表示谦恭下士。"

齐宣王一听这话，就声色俱厉地说："君王尊贵呢？还是士人尊贵呢？"颜斶说："当然是士人尊贵，大王并不尊贵。"齐宣王问："为什么这样说？"颜斶说："从前秦国攻打齐国，秦王下了一道命令说：'凡胆敢在柳下季坟墓周围五十步内打柴的，死罪不赦。'又下令说：'假如有人砍下齐王的头，就封他为万户侯，并且赏黄金二万四千两。'由此看来，一个活君王的头颅，反而不如死士的坟墓。"宣王默默不乐。

【原文】

左右皆曰："斶来，斶来！大王据千乘之地，而建千石钟，万石虡。天下之士，仁义皆来役处；辩知并进，莫不来语；东西南北，莫敢不服。求万物无不备具，而百姓无不亲附。今夫士之高者，乃称匹夫，徒步而处农亩，下则鄙野监门闾里，士之贱也，亦甚矣！"

【译文】

左右侍臣又对颜斶说："颜斶你上前来，颜斶你到前面来！君王拥有可以出产千辆战车的广大土地，而且建造过一千石重的大钟，和可悬挂一万石重的乐器架子。天下所有讲求仁义的士人，都到君王这里来效命；有才干和有智慧的人都到君王这里来献策，没有谁不俯首低语；四面八方的诸侯也都臣服君王。君王所需要的万物无不齐备，全国人民无不心服。最清高的士人，也只能自称匹夫，徒步而行，身处农田。至于贫贱无车而住在乡间的，乃是鄙陋粗野的监门闾里小吏，士人的地位卑贱真是到了极点！"

【原文】

斶对曰："不然。斶闻古大禹之时，诸侯万国。何则？德厚之道，得贵士之力也。故舜起农亩，出于野鄙，而为天下。及汤之时，诸侯三千。当今之世，南面称寡者，乃二十四。由此观之，非得失之策与？稍稍诛灭，灭亡无族之时，欲为监门、闾里，安可得而有乎哉？是故《易传》不云乎：'居上位，未得其实，以喜其为名者，必以骄奢为行。据慢骄奢，则凶从之。是故无实而喜其名者削，无德而望其福者约，无功而受其禄者辱，祸必握。'故曰：'矜功不立，虚愿不至。'此皆幸乐其名，华而无其实德者也。是以尧有九佐[1]，舜有七友[2]，禹有五丞[3]，汤有三辅[4]，自古及今而能虚成名于天下者，无有。是以君王无羞亟问，不愧下学；是故成其道德而扬功名于后世者，尧、舜、禹、汤、周文王是也。故曰：'无形者，形之君也。无端者，事之本也。'夫上见其原，下通其流，至圣明学，何不吉之有哉！老子曰[5]：'虽贵，必以贱为本；虽高，必以下为基。'是以侯王称孤寡不谷。是其贱之本与非！夫孤寡者，人之困贱下位也，而侯王以自谓，岂非下人而尊贵士与？夫尧传舜，舜传禹，周成王任周公旦[6]，而世世称曰明主，是以明乎士之贵也。"

【注释】

〔1〕九佐：佐，辅佐的官。传说有舜、契、禹、后稷、夔(kuí)、倕(chuí)、伯夷、皋陶、益。

〔2〕七友：传说有雄陶、方回、续牙、伯阳、东不訾(zī)、秦不虚、灵甫。

〔3〕五丞：丞，辅佐的官。传说有益、稷、皋陶、倕、契。

〔4〕三辅：辅弼的官。传说有谊伯、仲伯、咎单。

〔5〕老子：春秋时思想家，姓李名耳，又称老聃，著《老子》一书。

〔6〕周公旦：周公名旦，武王弟。武王死后，成王年幼，周公摄政。

【译文】

颜斶回答说："不对。据我颜斶所知，早在大禹王时代，诸侯共有一万多，以什么法则治国呢？那就是因为品德高尚，而又有尊贵的士人辅佐，所以舜虽然出生鄙陋的农村，却获得了天子的崇高地位。到了商汤时代，天下诸侯也有三千之多。可是在当今这个时代，南面称王的只有二十四个。由此看来，这难道不是因为政策的得失才造成了天下治乱吗？诸侯之间相互大动干戈，一直到宗族灭绝的时候，想给人在闾里看门，怎么能有这种可能呢？所以《易传》才说：'身居高位的人却不能修身养性，只喜欢标榜虚名，必然骄傲奢侈。如果骄傲、怠慢蛮横、奢侈，凶祸就必然降临。可见缺乏修养徒好虚名的必被削弱；无德性而希望享福的必受穷困；没功劳而接受俸禄的必被侮辱，并且不会有好下场。'所以说：'夸耀自己功德的人事业不能成功，空有愿望的人愿望无法实现。'这些话都是指喜好虚名而不务实际德性的人，所以尧有九位辅弼，舜有七位良友，禹有五位助手，汤有三位忠臣，从古到今没一个能无实际德性而成名于天下的，可见君王不应当以向他人请教为可耻，不应当以向下面的人学习为惭愧。这样才能建立崇高美德而扬名于后世。像尧、舜、禹、汤和周文王就是这样的人。所以说：'无形乃是有形的主宰，无始乃是事物的根本。'上能溯其源，下能通其流。如此圣明而又通晓学理的人哪还有不吉祥的事情发生呢？老子说：'虽然是地位尊贵，必定要以卑贱为根本；虽然生长高大，必定要以地下为基础。'所以各国诸侯都自称孤、寡、不谷，这可能就是以卑贱作为根本的缘故吧？孤、寡都是人中困苦卑贱，处于最低下地位的人，然而王侯却用来称自己，这不就是谦恭下士的行为吗？尧传天下给舜，舜传天下给禹，周成王重用周公旦，后世人们都歌颂他们为明君圣主，这是因为他们都懂得士人高贵的缘故。"

汤

【原文】

宣王曰："嗟乎！君子焉可侮哉，寡人自取病耳！及今闻君子之言，乃今闻细人之行，愿请受为弟子。且愿先生与寡人游，食太牢，乘安车，妻子衣服丽都。"

颜斶辞去曰："夫玉生于山，制则破焉，非弗宝贵矣，然夫璞不完。士生乎鄙野，选而禄焉，非不贵也，然形神不全。斶愿得归，晚食以当肉，安步以当车，无罪以当贵，清静贞正以自虞。制言者王也，尽忠直言者斶也。言要道已备矣，愿得赐归，安行而反臣之邑屋。"则再拜而辞去也。

斶知足矣，归反于朴，则终身不辱也。

【译文】

齐宣王说："唉！一个君子怎么可以随便加以侮辱呢？都是寡人自讨没趣而不懂得'士贵王贱'的道理。现在才听见君子的高论，明白了小人的行径，所以寡人愿意做先生的弟子。再说先生一旦和寡人结为好友，在吃的方面每天都要杀猪宰羊，在行的方面出入都是高车驷马，妻子儿女的衣服更是华丽无比。"

颜斶听了齐宣王这话，就立刻告辞说："玉石生在山里，一琢磨就破坏了天然本性，这并不是说不尊贵显达，而是说不如不琢磨的完美。士人生在乡野，经过推荐选用就接受俸禄，这也并不是说不尊贵显达，而是说他们的形神从此难以完全属于自己。所以我宁愿回到乡野，晚一点进餐，即使再粗劣的饭菜也会像吃了肉那么津津有味，安安稳稳地步行权当作高车驷马，把一身无罪当作高贵，用清静纯洁来自我娱乐。发号施令的是君王，尽忠直言的是颜斶，我所要说的重要道理都说完了，希望君王让我回到田野，安步走回我的家乡！"颜斶这才肯向齐宣王下拜，告辞离去。

应该说颜斶知足了，回到家乡，犹如返璞归真，并且一生不受屈辱。

田单将攻狄

【题解】

本文选自《齐策六》。

田 单

田单是齐国的将领，在齐国危亡的时候，坚持抗战，击败了强敌燕国军队，为光复齐国立下了汗马功劳，成为当时驰名天下的军事家。但是，成名之后，他却居功自傲，养尊处优，不再与战士同甘共苦，以致在攻狄的战斗中屡遭失败。好在他能接受批评，知过而改，最后取得了胜利。他勇于改过的精神是值得后人学习的。

【原文】

田单将攻狄，往见鲁仲子。仲子曰："将军攻狄，不能不也。"田单曰："臣以五里之城，七里之郭，破亡徐卒，破万乘之燕，复齐墟。攻狄而不下，何也？"上车弗谢而去。

遂攻狄，三月而不克之也。齐婴儿谣曰："大冠若箕，修剑拄颐；攻狄不下，垒于梧丘。"田单乃惧，问鲁仲子曰："先生谓单不能下狄，请闻其说！"鲁仲子曰："将军之在即墨，坐而织蒉，立则丈插，为士卒倡曰：'何往矣？宗庙亡矣！云白尚矣！归于何党矣？'当此之时，将军有死之心，而士卒无生之气，闻若言，莫不挥泣奋臂而欲战。此所以破燕也。当今将军东有夜邑之奉，西有菑上之虞[1]，黄金横带，而驰乎淄渑之间，有生之乐，无死之心。所以不胜者也！"田单曰："单有心，先生志之矣！"

明日，乃厉气循城，立于矢石之所及，援枹鼓之，狄人乃下。

【注释】

〔1〕虞：通“娱”。

【译文】

田单将要进攻狄城，去拜见鲁仲连，鲁仲连说：“将军进攻狄城，是会攻不下的。”田单说：“我曾以区区即墨五里之城，七里之郭，带领残兵败将，打败了万乘的燕国，收复了失地，为什么进攻狄城，就攻不下呢？”说罢，他登车没有告辞就走了。

随后，他带兵进攻狄城，一连三月，却没有攻下。齐国的小孩唱着一首童谣说：“高高的官帽像簸箕，长长的宝剑托腮齐，攻打狄城不能下，梧丘筑城空伤悲。”田单听了很担忧，便去问鲁仲连：“先生说我攻不下狄城，请听听您讲的道理吧。”鲁仲连说：“将军从前在即墨时，坐下去就编织草袋，站起来就舞动铁锹，身先士卒，您号召说：‘勇敢地杀上战场，神圣的祖国将要灭亡，我们个个就会走进坟场，只有一条路，勇敢地杀上战场。’在那时，将军有决死之心，士卒无生还之意，听了您的号召，莫不挥泪振臂，奋勇求战。这就是当初您打败燕国的原因。现在，将军您东可收纳夜邑封地的租税，西可在淄水之上尽情地欢乐，金光闪闪的宝剑横挎在腰间，驰骋在淄水、渑水之间，现在您有贪生的欢乐，而无战死的决心。这就是您攻不下狄城的原因。”田单说：“我有决死之心，先生您就看着吧！”

第二天，他就激励士气，巡视城防，选择箭能弩命中敌人的优势地势，擂鼓进军，狄城终于被攻下了。

张仪为秦破从连横说楚

【题解】

本文选自《楚策一》。

这是张仪对楚怀王的一篇说辞。张仪一生为秦国推行连横的策略，设法瓦解山东六国的合纵联盟，以便秦国能对六国各个击破。张仪惯用的手法是极力夸大秦国的强大以威胁吓唬对方，并用小恩小惠来利诱对方就范。本篇中的楚怀王，昏庸无能，轻信了张仪的花言巧语，背弃了原来的盟友齐国，以致后来遭到秦、齐两国的夹攻，遂使楚国一蹶不振。

【原文】

张仪为秦破从连横，说楚王曰："秦地半天下，兵敌四国，被山带河，四塞以为固。虎贲之士百余万，车千乘，骑万匹，粟如丘山。法令既明，士卒安难乐死，主严以明，将知以武。虽无出兵甲，席卷常山之险，折天下之脊，天下后服者先亡。且夫为从者无以异于驱群羊而攻猛虎也。夫虎之与羊，不格明矣。今大王不与猛虎，而与群羊，窃以为大王之计过矣！

"凡天下强国，非秦而楚，非楚而秦，两国敌侔交争，其势不两立。而大王不与秦，秦下甲兵，据宜阳，韩之上地不通；下河东，取成皋，韩必入臣于秦。韩入臣，魏则从风而动。秦攻楚之西，韩、魏攻其北，社稷岂得无危哉？且夫约从者，聚群弱而攻至强也。夫以弱攻强，不料敌而轻战，国贫而骤举兵，此危亡之术也。臣闻之'兵不如者，勿与挑战；粟不如者，勿与持久。'夫从人者，饰辩虚辞，高主之节行，言其利而不言其害，卒有秦祸，无及为已！是故，愿大王之熟计之也！

【译文】

张仪为秦国瓦解合纵联盟，组织连横阵线去游说楚王，说："秦国土地广阔，占有天下之半；武力强大，可与诸侯对抗；四境有险山阻隔，东边又绕着黄河，四边都有险要的屏障，国防巩固如同铁壁铜墙，还有战士百多万人，战车千辆，战马万匹，粮食堆积如山，法令严明，士卒赴汤蹈火，安然自得，拼死战斗，毫不畏惧，国君严厉而又英明，将帅足智多谋而又勇武，假如秦国一旦出兵，夺得恒山的险隘就像卷席那样的轻而易举。这样，就控制了诸侯要害之地，天下后来臣服的人必然遭到灭亡。再说，搞合纵联盟的人，无异于驱赶群羊去进攻猛虎，弱羊敌不过猛虎，这是很明显的。现在大王不与猛虎友好，却与群羊为伍，我认为大王的主意完全错了。

"大凡天下的强国，不是秦国，就是楚国；不是楚国，就是秦国，两国不相上下，互相争夺，势不两立。如果大

王不与秦国联合，秦国出兵杀将进来，占据宜阳，韩国的上党要道就被切断；他们进而出兵河东，占据成皋，韩国必然投降秦国。韩国投降秦国，魏国也必跟着归顺秦国。这样，秦国进攻楚国的西边，韩、魏又进攻楚国的北边，楚国怎能没有危险呢？况且那合纵联盟，只不过是联合了一群弱国，去进攻最强的秦国。以弱国去进攻强国，不估量强敌便轻易作战，致使国家贫弱而又经常发动战争，这是危险的做法，我听说：'兵力不强，切勿挑战；粮食不足，切勿持久。'那些主张合纵联盟的人，夸夸其谈，巧言辩说，赞扬人主的节操和品行，只谈好处，不谈祸害，一旦楚国大祸临头，就无所措手足了，所以希望大王要深思熟虑。

【原文】

"秦西有巴、蜀，方船积粟，起于汶山，循江而下，至郢三千余里。舫船载卒，一舫载五十人，与三月之粮，下水而浮，一日行三百余里，里数虽多，不费汗马之劳，不至十日，而距扞关[1]，扞关惊，则从竟陵已东尽城守矣，黔中、巫郡，非王之有已。秦举甲出之武关，南面而攻，则北地绝。秦兵之攻楚也，危难在三月之内，而楚恃诸侯之救，在半岁之外，此其势不相及也。夫恃弱国之救，而忘强秦之祸，此臣之所以为大王之患也。且大王尝与吴人五战三胜而亡之，陈卒尽矣；有偏守新城，而居民苦矣。臣闻之，'攻大者易危，而民弊者怨于上。'夫守易危之功，而逆强秦之心，臣窃为大王危之！

"且夫秦之所以不出甲于函谷关十五年以攻诸侯者，阴谋有吞天下之心也。楚尝与秦构难，战于汉中，楚人不胜，通侯、执珪死者七十余人，遂亡汉中。楚王大怒，兴师袭秦，战于蓝田，又却。此所谓两虎相搏者也。夫秦、楚相弊，而韩、魏以全制其后，计无危于此者矣。是故愿大王熟计之也！"

【注释】

〔1〕扞：古关名。

【译文】

“秦国西有巴、蜀，用船运粮，自汶山起锚，并船而行，顺长江而下，到楚都有三千多里，并船运兵，一船载五十人，和运三个月粮食的运粮船同行，浮水而下，一日行三百多里，路程虽长，却不费车马之劳，不到十天，就到达扞关，与楚军对峙；扞关为之惊动，因而自竟陵以东，只有守卫之力，黔中、巫郡都会不为大王所有了。秦国又出兵武关，向南进攻，则楚国的北部交通被切断，秦军攻楚，三月之内形势将十分危急，而楚国等待诸侯的援军，要在半年之后，这将无济于事，依靠弱国远不解近渴的救援，忘记强秦迫在眉睫的祸患，这就是我为大王所担忧的。再说，大王曾与吴国交战，五战三胜，您的兵卒已尽，又远守新得之城，居民深受其苦，我听说：‘进攻强大的敌人则易遭危险；人民疲惫穷困，则易抱怨君上。’追求易受危难的功业，而违背强秦的意愿，我暗自为大王感到危险！

“至于秦国之所以十五年不出函谷关进攻诸侯，是因为它有阴谋吞并诸侯的野心，楚国曾与秦国交战，战于汉中，楚国被打败，通侯、执圭以上官爵死了的有七十多人，终究失掉了汉中。楚王于是大怒，出兵袭秦，战于蓝田，又遭失败。这就是所谓‘两虎相斗啊’！秦国和楚国互相削弱，韩、魏两国却保存实力，乘机进攻楚国的后方，出谋划策是没有比这再错误的了，所以希望大王要深思熟虑。”

【原文】

“秦下兵攻卫、阳晋，必扃天下之匈[1]。大王悉起兵以攻宋，不至数月而宋可举，举宋而东指，则泗上十二诸侯，尽王之有已。凡天下所信约从亲坚者苏秦，封为武安君而相燕，即阴与燕王谋破齐，共分其地。乃佯有罪，出走入齐，齐王因受而相之。居二年而觉，齐王大怒，车裂苏秦于市。夫以一诈伪反覆之苏秦，而欲经营天下，混一诸侯，其不可成也亦明矣。

“今秦之与楚也，接境壤界，固形亲之国也。大王诚能听臣，臣请秦太子入质于楚，楚太子入质于秦；

请以秦女为大王箕帚之妾，效万家之都，以为汤沐之邑；长为昆弟之国，终身无相攻击。臣以为计无便于此者。故敝邑秦王使使臣献书大王之从车下风，须以决事。”

【注释】

〔1〕扃：门闩。匈：同“胸”。

【译文】

“秦国出兵进攻卫、阳晋，必定卡住诸侯的交通要道，大王全力进攻宋国，不到数月，就可以灭宋，若再继续东进，泗上十二诸侯就全为大王所有了。在诸侯中坚持合纵联盟的苏秦，被封为武安君，而出任燕相，暗地里与燕王合谋进攻齐国，瓜分齐国。他假装在燕国获罪，逃到齐国，齐王接待了他，并又任命他为相国。过了两年，齐王发觉他的阴谋，非常气愤，便车裂了苏秦。一贯靠着诓骗欺诈、反复无常来求荣的苏秦，想要图谋左右天下，统一诸侯，这不可能成功，是很明显的了。

“现在，秦、楚两国接界，本来是友好的国家。大王果真能听从我的劝告，我可以让秦太子做楚国的人质，让楚太子做秦国的人质，让秦女做大王侍奉洒扫之妾，并献出万户大邑，作为大王的汤沐邑，从此秦、楚两国永远结为兄弟之邦，互不侵犯，如果真是这样，我认为没有比这更有利于楚国的了。所以秦王派我出使贵国，呈献国书，敬候您的决定。”

【原文】

楚王曰：“楚国僻陋，托东海之上；寡人年幼，不习国家之长计。今上客幸教以明制，寡人闻之，敬以国从。”乃遣车百乘，献骇鸡之犀、夜光之璧于秦王。

【译文】

楚王说：“楚国地处穷乡僻壤，靠近东海之滨。我年幼无知，不懂得国家的长远大计。现在承蒙贵宾的英明教导，我完全接受您的高见，把国事委托给您，参加连横阵线。”于是他派出使车百辆，将骇鸡犀角、夜光宝璧献给了秦王。

威王问于莫敖子华

【题解】

本文选自《楚策一》。

通过莫敖子华对楚王的讽谏，说明了应该怎样评价和使用人才的问题。楚王出于片面的认识而感叹国家没有“社稷之臣”，莫敖子华则列举了本国历史上五位杰出人物的事迹，来说明这五种类型的人才都是“社稷之臣”，从而开导楚王要善于识别各种人才，并不拘一格地重用他们。他指出，当政者只要真正地好贤爱才，就不难罗致人才。他所列举的五个卓越的爱国之士，大都是不贪图高官厚禄，并置个人生死于度外的人，因而能为国家做出巨大的贡献。即使其中有的人因功受到过封赏，享有高官厚禄，但同样仍不失为忧国忧民的“社稷之臣”。

【原文】

威王问于莫敖子华曰：“自从先君文王，以至不谷之身，亦有不为爵劝、不为禄勉，以忧社稷者乎？”莫敖子华对曰：“如章，不足以知之矣。”王曰：“不于大夫，无所闻之？”莫敖子华对曰：“君王将何问者也？彼有廉其爵，贫其身，以忧社稷者；有崇其爵，丰其禄，以忧社稷者；有断脰决腹[1]，壹瞑而万世不视，不知所益，以忧社稷者；有劳其身，愁其志，以忧社稷者；亦有不为爵劝，不为禄勉，以忧社稷者。”王曰：“大夫此言，将何谓也？”

【注释】

〔1〕脰：脖子。

【译文】

楚威王问莫敖子华，说：“从先君文王到我这一辈为止，真有既不追求爵位，也不追求俸禄，而忧虑国家安危的大臣吗？”莫敖子华回答说：“像我这样的人，不可能知道这些。”威王说：“我要是不问您，是没法知道的。”莫敖子华回答说：“君王您问的是哪类大臣呢？有奉公守法，安于贫困，而忧虑国家安危的；有为了提高其爵位，增加其俸禄，忧虑国家安危的；有不怕断头，不怕剖腹，视死如归，不顾个人利益，而忧虑国家安危的；有劳其筋骨，苦其心志，而忧虑国家安危的；也有既不追求爵位，又不追求俸禄，而忧虑国家安危的。”威王说：“您这些话，说的都是谁呢？”

【原文】

莫敖子华对曰：“昔令尹子文，缁帛之衣以朝，鹿裘以处；未明而立于朝，日晦而归食；朝不谋夕，无一日之积。故彼廉其爵，贫其身，以忧社稷者，令尹子文是也。

“昔者，叶公子高身获于表薄，而财于柱国；定白公之祸，宁楚国之事；恢先君以掩方城之外，四封不侵，名不挫于诸侯。当此之时也，天下莫敢以兵南乡；叶公子高食田六百畛。故彼崇其爵，丰其禄，以忧社稷者，叶公子高是也。”

【译文】

莫敖子华回答说：“从前令尹子文上朝时，身穿朴素的黑丝绸长衫，在家时，穿着简朴的鹿皮衣。黎明即起，就去上朝；太阳落山，才回家吃饭，吃完早饭就顾不上晚饭，连一天的粮食也没有积存。所以，我说的那个奉公守法，安于贫困，而忧虑国家安危的，就是令尹子文。

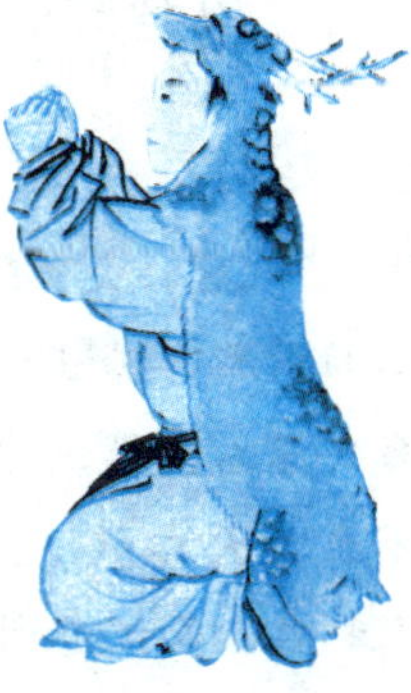

“从前楚国叶公子高，其貌不扬，而有柱国之才；平定了白公之乱，使楚国得以安定，发扬了先君的遗德，影响到方城之外，四境诸侯都不敢来犯，使楚国的威名在诸侯中未受损伤。在这个时候，诸侯都不敢出兵南侵，叶公子高的封地有六百轸的土地，所以，我说的那个为了提高爵位，增加俸禄，而忧虑国家安危的，就是叶公子高。”

【原文】

“昔者，吴与楚战于柏举，两御之间，夫卒交。莫敖大心抚其御之手，顾而大息曰：‘嗟乎！子乎，楚国亡之日至矣！吾将深入吴军，若扑一人，若捽一人，以与大心者也，社稷其庶几乎！故断脰决腹，壹瞑而万世不视，不知所益，以忧社稷者，莫敖大心是也。

“昔吴与楚战于柏举，三战入郢，寡君身出，大夫悉属，百姓离散。棼冒勃苏曰：‘吾被坚执锐，赴强敌而死，此犹一卒也不若奔诸侯。’于是赢粮潜行，上峥山，逾深溪，蹠穿膝暴[1]，七日而薄秦王之朝。榷立不转[2]，昼吟宵哭，七日不得告，水浆无入口，瘨而殚闷，旄不知人。秦王闻而走之，冠带不相及，左奉其首，右濡其口，勃苏乃苏。秦王身问之：‘子孰谁也？’棼冒勃苏对曰：‘臣非异，楚使新造盭棼冒勃苏[3]，吴与楚人战于柏举，三战入郢，寡君身出，大夫悉属，百姓离散。使下臣来告亡，且求救。’秦王顾令不起：‘寡人闻之，万乘之君，得罪于士，社稷其危，今此之谓也！’遂出革车千乘，卒万人，属之子蒲与子虎，下塞以东，与吴入战于浊水而大败之，亦闻于遂浦。故劳其身，愁其思，以忧社稷者，棼冒勃苏是也。”

【译文】

“从前，吴、楚两国在柏举交战，双方对垒，士卒已经短兵相接。莫敖大心拉着驾车战士的手，望着他们说：‘唉！唉！楚国亡国的日子就要到了，我要深入吴军，你们如果能打倒一个敌人，助我一臂之力，我们楚国也许还不至于灭亡！’所以，我说的那个不怕断头，不怕剖腹，视死如归，不顾个人利益，而忧虑国家安危的，就是莫敖大心。

【注释】

〔1〕蹠：脚掌。

〔2〕榷：同“鹤”。

〔3〕盭：同“戾”，罪。

【译文】

“从前，吴、楚两国在柏举交战，吴军连攻三次，攻入楚都，楚君逃亡，大夫跟随，百姓流离失所，棼冒勃苏说：‘我如果身披铠甲，手执武器与强敌作战，不幸战死，其作用也只像一个普通士卒而已，还不如向诸侯去求援。’

于是，他背着干粮，秘密出发，越过高山峻岭，渡过深水溪谷，鞋子穿烂了，脚掌磨破了，裤子破了，露出了膝盖；走了七天，到了秦王的朝廷，踮着脚跟翘望，希望得到秦王的帮助；日夜哭泣，希望得到秦王的同情。经过七昼夜，也未能面告秦王。他就这样，滴水不进，以致头昏眼花，气绝晕倒，不省人事。秦王知道后赶快跑来看他，连帽子、衣带也没来得及系好，左手捧着他的头，右手给他灌水，勃苏才慢慢苏醒过来，秦王亲自问他：‘你是什么人？’棼冒勃苏回答说：‘我不是别人，是楚王派来的刚刚获罪的棼冒勃苏。吴、楚两国现在柏举交战，吴国连攻三次，进入楚都，楚君逃亡，大夫跟随，百姓流离失所。敝国君王特派我来报告楚国面临的亡国大祸，并且请求援救。’秦王一再要他起身，他一直不起。秦王说：‘我听说，万乘大国的君王，如果得罪了志士，国家就会危险，如今就是这样。’于是，秦王派出战车千辆，兵士万人，让公子蒲州和公子虎带领，出边关，向东挺进，与吴军战于浊水之上，大败吴军，又听说还在遂浦作战。所以，我说的那个劳其筋骨，苦其心志，而忧虑国家安危的，就是棼冒勃苏。”

【原文】

“吴与楚战于柏举，三战入郢，君王身出，大夫悉属，百姓离散。蒙谷给斗于宫唐之上，舍斗奔郢，曰：‘若有孤，楚国社稷其庶几乎！’遂入大宫，负离次之典，以浮于江，逃于云梦之中。昭王反郢，五官失法，百姓昏乱。蒙谷献典，五官得法而百姓大治，比蒙谷之功，多与存国相若。封之执珪，田六百畛。蒙谷怒曰：‘谷非人臣，社稷之臣。苟社稷血食，余岂患无君乎？’遂自弃于磨山之中，至今无胃。故不为爵劝，不为禄勉，以忧社稷者，蒙谷是也。”

【译文】

“吴、楚两国在柏举交战，吴国连攻三关，攻入楚都，楚君逃亡，大夫跟随，百姓流离失所，楚臣蒙谷在宫唐与吴军遭遇，这时楚王生死未卜，蒙谷撇开吴军跑到楚都，说：‘如果有孤子可以继位，楚国大概可能免遭灭亡。’于是，他来到楚宫，背上楚国法律离次大典，乘船浮游于江上，逃到云、梦地区。以后，楚昭王返回楚都，百官无法可依，百姓混乱；蒙谷献出了离次大典，百官便有法可依，百姓得以治理。相形之下，蒙谷立了大功，等于使楚国得以保全。于是，楚王封他为执珪，给他封田六百畛。蒙谷生气地说：'我并不是一般贪图爵禄的大臣，我是忧虑国家安危的大臣；国家平安无事，我难道会去忧虑个人有无官做吗！'于是他隐居历山之中，至今仍无爵禄。所以，我说的那个既不追求爵位，也不追求俸禄，而忧虑国家安危的，就是蒙谷啊！"

【原文】

王乃大息曰："此古之人也，今之人，焉能有之耶？"

莫敖子华对曰："昔者，先君灵王好小要楚士约食冯而能立[1]，式而能起[2]。食之可欲，忍而不入；死之可恶，就而不避。章闻之：'其君好发者，其臣抉拾[3]。'君王直不好，若君王诚好贤，此五臣者，皆可得而致之！"

【注释】

〔1〕要：同"腰"。

〔2〕式：同"轼"。

〔3〕抉拾：射箭用具，此处用作动词。

【译文】

楚王叹息道："这些都是古人，现在还有这样的人吗？"

莫敖子华回答说："从前，楚灵王喜爱细腰女子，楚国的人便少吃饭，使自己的腰都细起来，以致要扶着东西才能站住，扶着东西才能起立，虽然想吃东西，但总是忍着饿不吃，这样饿下去，就有死的危险，可是人们无所畏惧。我听说：'国君喜好射箭，大臣也会去学习射箭。'大王您只是不喜好贤臣而已，如果真是喜好贤臣，上述这五种贤臣，都是可以被大王罗致来的。"

魏王遗楚王美人

【题解】

本文选自《楚策四》。

本文记述了楚王宠姬郑袖设毒计谗害魏美人的故事。郑袖是个外表美丽而心如蛇蝎的坏女人，出于对魏美人的嫉妒，她冒充善良而骗取魏美人的信任，施展鬼蜮伎俩，最后假借楚王之手置魏美人于死地。

【原文】

魏王遗楚王美人〔1〕，楚王说之〔2〕。夫人郑袖知王之说新人也，甚爱新人衣服玩好，择其所喜而为之；宫室卧具，择其所善而为之〔3〕。爱之甚于王。王曰：“妇人所以事夫者，色也；而妒者，其情也。今郑袖知寡人之说新人也，其爱之甚于寡人，此孝子之所以事亲，忠臣之所以事君也。”

郑袖知王以己为不妒也，因谓新人曰：“王爱子美矣。虽然，恶子之鼻。子为见王，则必掩子鼻。”新人见王，因掩其鼻。王谓郑袖曰：“夫新人见寡人，则掩其鼻，何也？”郑袖曰：“妾知也。”王曰：“虽恶必言之。”郑袖曰：“其似恶闻君王之臭也。”王曰：“悍哉！”令劓之〔4〕，无使逆命。

【注释】

〔1〕魏王：魏惠王。

〔2〕楚王：楚怀王。

〔3〕译文依姚本“善”作“喜”字。

〔4〕劓：古代一种刑罚，割掉鼻子。

【译文】

魏惠王赠给楚怀王一个美女，怀王很喜欢。怀王的夫人郑袖，知道怀王宠爱新娶的美女，所以表面上也很爱护这个新娶的美女。不论衣服首饰都挑她喜欢的送去；房间和家具也都选她喜欢的让她使用。似乎比楚王更喜欢她。楚王说：“女人仰仗自己的美色来博取丈夫的欢心，而嫉妒乃人之常情。现在郑袖明知寡人喜欢魏女，可是她爱魏女比寡人还要厉害，这简直是孝子侍奉双亲，忠臣侍奉君主。”

郑袖知道楚王认定她不是嫉妒以后，就去对魏女说："君王爱你的美貌。虽然这样说，但是他讨厌你的鼻子。所以你见了君王，一定要捂住鼻子。"从此魏女见到楚王就捂住自己的鼻子。楚王对郑袖说："魏女看见寡人时，就捂住自己的鼻子，这是为什么？"郑袖回答说："我倒是知道这件事。"楚王说："即使再难听的话，你也要说出来。"郑袖说："她好像是讨厌君王身上的气味。"楚王说："真是个泼辣的悍妇！"命人割掉美女的鼻子，绝不宽赦。

庄辛谓楚襄王曰

【题解】

本文选自《楚策四》。

楚襄王在位时，楚国已经非常衰弱，而他却一味贪图享乐，宠幸佞臣，不恤国政，没有振兴国家的大志，所以终于在秦国的突然袭击下遭到惨败，丢失了大片国土，被迫迁都于陈。楚臣庄辛事先就批评过襄王，在楚国败于秦后，再次对襄王进行讽谏，一再说明国君奢侈纵欲，居安忘危的恶果，意欲使襄王接受教训而重振朝纲。

【原文】

庄辛谓楚襄王〔1〕曰："君王左州侯〔2〕，右夏侯〔3〕，辇从鄢陵君与寿陵君〔4〕，专淫逸侈靡，不顾国政，郢都必危矣。"襄王曰："先生老悖乎？将以为楚国祆祥乎？"庄辛曰："臣诚见其必然者也，非敢以为国祆祥也。君王卒幸四子者不衰，楚国必亡矣。臣请辟于赵，淹留以观之。"庄辛去之赵。留五月，秦果举鄢、郢、巫、上蔡、陈之地，襄王流掩于城阳〔5〕。于是使人发驺，征庄辛于赵。庄辛曰："诺。"庄辛至，襄王曰："寡人不能用先生之言，今事至于此，为之奈何？"

【注释】

〔1〕庄辛：楚臣。楚襄王：怀王之子，名横。

〔2〕州侯：楚王宠臣，封于州邑，在今湖北省监利县。

〔3〕夏侯：楚王宠臣，封于夏邑，在今湖北省武汉市。

〔4〕鄢陵君：楚王宠臣，封于鄢陵，在今河南省鄢陵县。寿陵君：楚王宠臣，

封于寿陵，在今安徽省寿县。

〔5〕城阳：咸阳，在今河南省息县西北。

【译文】

庄辛对楚襄王说："君王左有州侯右有夏侯，车后又有鄢陵君和寿陵君跟从着，一味过着毫无节制的生活，不照看国家政事，如此会使郢都变得很危险。"楚襄王说："先生老糊涂了吗？还是认为楚国将遇到不祥呢？"庄辛说："臣当然是看到了这事情的必然后果，不必认为国家遇到不祥。假如君王始终宠幸这四个人，而不稍加收敛，那楚国一定会因此而灭亡的。请君王准许臣到赵国避难，居留在那里来静观楚国的变化。"庄辛离开楚国到了赵国，他只在那里住了五个月，秦国就发兵攻占了鄢、郢、巫、上蔡、陈这些地方，楚襄王也流亡躲藏在城阳。在这时候襄王才派人率骑士到赵国召请庄辛。庄辛说："可以。"庄辛到了城阳以后，楚襄王对他说："寡人当初不听先生的话，如今事情发展到这地步，对这事可怎么办呢？"

【原文】

庄辛对曰："臣闻鄙语曰：'见兔而顾犬，未为晚也；亡羊而补牢，未为迟也。'臣闻昔汤、武以百里昌。桀、纣以天下亡。今楚国虽小，绝长续短，犹以数千里，岂特百里哉？

"王独不见夫蜻蛉乎？六足四翼，飞翔乎天地之间，俛啄蚊、虻而食之，仰承甘露而饮之，自以为无患，与人无争也。不知夫五尺童子，方将调饴胶丝，加己乎四仞之上，而下为蝼蚁食也。蜻蛉其小者也，黄雀因是已。俯噣白粒，仰栖茂树，鼓翅奋翼，自以为无患，与人无争也。不知夫公子王孙，左挟弹，右摄丸，将加己乎十仞之上[1]，以其颈为的。昼游乎茂树，夕调乎酸碱，倏忽之间，坠于公子之手。

"夫黄雀其小者也，黄鹄因是已。游于江海，淹乎大沼，俯噣鳝鲤，仰啮菱衡，奋其六翮，而凌清风，飘摇乎翱翔，自以为无患，与人无争也。不知夫射者，方修其碆卢，治其缯缴，将加己乎百仞之上。彼礛磻引微缴，折清风而抎矣。故昼游乎江河，夕调乎鼎鼐。

【注释】

〔1〕仞：七尺。

【译文】

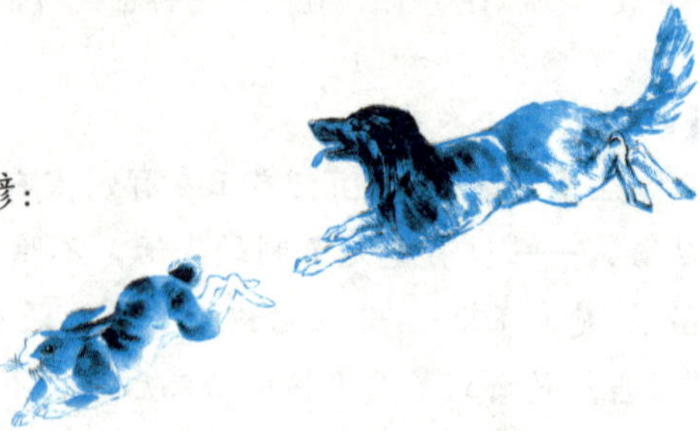

庄辛回答说：“臣知道一句俗谚：‘见到兔子以后再放出猎犬去追并不算晚，羊丢掉以后再去修补羊圈也不算迟。’臣听说过去商汤王和周武王，依靠百里土地，而使天下昌盛，而夏桀王和殷纣王，虽然拥有天下，到头来终不免身死国亡。现在楚国土地虽然狭小，然而如果截长补短，还能有数千里，岂止一百里而已？

“大王难道没见过蜻蜓吗？长着六只脚和四只翅膀，在天地之间飞翔，低下头来啄食蚊虫，抬头起来喝甘美的露水，自以为无忧无患，又和人没有争执。岂不知那些几岁的孩子，正在调糖稀涂在丝网上，将要在二十八尺的高空之上粘住自己，它的下场将被蚂蚁吃掉。蜻蜓的事可能是小事，其实黄雀也是如此。它俯下身去啄食谷粒，仰起身来栖息在茂密的树丛中，鼓动着它的翅膀奋力高翔，自己满以为没有祸患，和人没有争执，却不知那公子王孙左手拿着弹弓，右手按上弹丸，将要向七十尺高空射击自己，以黄雀的脖子作为射击的目标。黄雀白天还在茂密的树丛中游玩，晚上就和醋盐调和在一起了，成了桌上的佳肴，转眼之间落入王孙公子之口。

“黄雀的事情可能是小事情，其实黄鹄也是如此。黄鹄在江海上翱游，停留在大沼泽旁边，低下头吞食黄鳝和鲤鱼，抬起头来吃菱角和荇菜，振动它的翅膀而凌驾清风，飘飘摇摇在高空飞翔，自认为不会有祸患，又与人无争。然而他们却不知那射箭的人，已准备好箭和弓，将向七百尺的高空射击自己。它将带着箭，拖着细微的箭绳，从清风中坠落下来，掉在地上。因此黄鹄白天还在江湖里游泳，晚上就被人放在锅里成了清炖美味。”

【原文】

“夫黄鹄其小者也，蔡灵侯之事因是已[1]，南游乎高陂，北陵乎巫山，饮茹溪之流[2]，食湘波之鱼，左抱幼妾，右拥嬖女，与之驰骋乎高蔡之中[3]，而不以国家为事。不知夫子发方受命乎宣王[4]，系以朱丝而见之也。

“蔡圣侯之事其小者也，君王之事因事已。左州侯，右夏侯，辇从鄢陵君与寿陵君，饭封禄之粟，而戴方府之金[5]，与之驰骋乎云梦之中，而不以天下国家为事，不知夫穰侯方受命乎秦王[6]，填邑塞之内而投己乎邑塞之外[7]。”

【注释】

〔1〕蔡灵侯：一作蔡圣侯。

〔2〕茹溪：水名，在今四川省巫山县北。

〔3〕高蔡：上蔡，在今河南省上蔡县。

〔4〕子发：楚将。

〔5〕方府：财库。

〔6〕穰侯：魏冉。秦王：秦昭王。

〔7〕邑塞：黾言盟(méng)，即平靖关，在今河南省信阳市西南。内：指南方。外：指北方。

【译文】

“那黄鹄的事可能是小事，其实蔡灵侯的事也是如此。他曾南到高陂游玩，北到巫山之顶，饮茹溪里的水，吃湘江里的鱼；左手抱着年轻貌美的侍妾，右手接着如花似玉的宠妃，和这些人同车驰骋在高蔡市上，根本不管国家大事。却不知道那子发正在接受宣王的进攻命令，将要成为阶下之囚。

“蔡灵侯的事只是当中的小事，其实君王您的事也是如此。君王左边是州侯，右边是夏侯，鄢陵君和寿陵君始终跟随着君王的车辆，吃的是从封地运来的粮食，车上载着四方府库送来的黄金，跟这些人驰骋在云梦地区，根本不把国家的事情放在心上。然而君王却没料到，穰侯魏冉已经奉秦王的命令，在黾塞之南布满军队，州侯等却把君王自己抛弃在黾塞以北。”

【原文】

襄王闻之，颜色变作，身体战栗。于是乃以执珪而授之为阳陵君，与淮北之地也。

【译文】

楚襄王听了庄辛这番话之后，大惊失色，全身发抖。在这时才把执珪的爵位送给庄辛，封他为阳陵君，不久，庄辛帮助楚王收复淮北的土地。

汗明见春申君

【题解】

本文选自《楚策四》。

汗明借用“骥服盐车”的故事，向春申君阐明了这样一个道理：当政者要想得到真正的人才，就不仅要善于发现人才和恰当地使用人才，还要用伯乐爱护千里马那种特殊的感情去理解和珍惜人才。

【原文】

汗明见春申君[1]，候问三月[2]，而后得见。谈卒，春申君大悦之。汗明欲复谈，春申君曰：“仆已知先生，先生大息矣。”汗明憱焉曰[3]：“明愿有问君而恐固。不审君之圣孰与尧也？”春申君曰：“先生过矣，臣何以足当尧？”汗明曰：“然则君料臣孰与舜？”春申君曰：“先生即舜也。”汗明曰：“不然，臣请为君终言之。君之贤实不如尧，臣之能不及舜。夫以贤舜事圣尧，三年而后乃相知也。今君一旦而知臣，是君圣于尧而臣贤于舜也。”春申君曰：“善。”乃召门吏为汗先生著客籍[4]，五日一见。

汗明曰：“君亦闻骥乎？夫骥之齿至矣，服盐车而上太行。蹄申膝折，尾湛胕溃，漉汁洒地[5]，白汗交流，中阪迁延，负辕不能上。伯乐遭之[6]，下车攀而哭之，解纻衣以幕之。骥于是俛而喷，仰而鸣，声达于天，若出金石声者，何也？彼见伯乐之知己也。今仆之不肖，阨于州部[7]，堀穴穷巷，沈洿鄙俗之日久矣，君独无意湔拔，使仆得为君长鸣乎？”

【注释】

〔1〕汗明：春申君的客人，疑为魏人。

〔2〕译文依姚本一作“候间”。

〔3〕译文依鲍本“惐”作“憋”。

〔4〕著客籍：籍，簿子。在簿子上登上宾客的名字。

〔5〕译文依鲍本“汁”作“汗”。

〔6〕伯乐：姓孙名阳，善于相马。

〔7〕州部：古代的一种基层组织，此指下层。

【译文】

说客汗明去拜见楚相春申君黄歇，等候了三个月才算见到。两人谈完话，春申君很高兴，汗明想要再谈，可是春申君却说：“我已经了解先生，先生可以多休息几天了。”汗明很不安地说：“我想问您一句话，又怕您责备我孤陋寡闻。不知您和尧比较谁更圣明？”春申君说：“先生这话太过分了，我怎么敢和尧相提并论呢？”汗明说：“那么在您看来，臣是否可以和舜相比呢？”春申君说：“先生就是舜的化身。”汗明说：“您的话错了，请让我为您把话说完了吧。您的贤德实在不如尧，而臣的才能更赶不上舜。可是让有才能的舜侍奉圣德的尧，三年以后两人才算互相了解，现在您在很短时间里就了解了我，这就证明了您比尧还圣明，而臣比舜还有才能。”春申君说：“先生的话很有道理。”于是召来守门官把汗明的名字写在宾客簿上，每五天接见一次。

伯乐相马

汗明对春申君说：“您听说过千里马的故事吗？千里马到可以驾车的年龄时，拉着载满盐的车上太行山。四蹄伸展两膝变曲，尾巴低垂脚趾磨破，盐汁和汗水洒了一地，走到半山腰就辗转不前，只驾着车辕爬不上山。伯乐遇见了千里马，跳下车来拉着它哭起来，解开自己的麻布衣服盖在马身上。这时千里马低下头喘着粗气，又仰起头嘶鸣着，金属和石器撞击般的声音震动九霄云天，为什么会这样呢？因为千里马认为伯乐是它知己的缘故。现在敝人没有才干，生活穷困，穴居山巷，沦落在悲惨的生活里，已经很长时间了，可是您就无意为臣洗去污点排除厄运，使我能为您高声说出在梁国受到的冤屈吗？”

楚考烈王无子

【题解】

本文选自《楚策四》。

阴谋家李园用“献妹”的美人计，打入了楚国宫廷，并伺机发动了宫廷政变，杀死了楚国重臣春申君，从而篡夺了楚国政权。这一事件，充分表现了阴谋篡权的野心家的阴险和毒辣，也暴露出了封建统治阶级丑恶的宫廷内幕。

【原文】

楚考烈王无子[1]，春申君患之，求妇人宜子者进之，甚众，卒无子。

赵人李园，持其女弟，欲进之楚王，闻其不宜子，恐又无宠。李园求事春申君为舍人。已而谒归，故失期。还谒，春申君问状。对曰：“齐王遣使求臣女弟，与其使者饮，故失期。”春申君曰：“聘入乎？”对曰：“未也。”春申君曰：“可得见乎？”曰：“可。”于是园乃进其女弟，即幸于春申君。

【注释】

〔1〕楚考烈王：名完，顷襄王之子。

【译文】

楚考烈王没有儿子，相国春申君为此甚为忧愁，寻求宜于生子的妇人进献给考烈王，虽然进献了许多妇人，却始终没能生儿子。

这时赵国人李园想把自己妹妹献给考烈王，可是又听人说自己的妹妹并无生子之相，又担心将来得不到考烈王的宠信。李园就请求能当春申君的舍人。当上舍人不久，请假回家，又故意晚回。回来见到春申君，春申君问他为什么迟到。李园回答说：“齐王派人来娶我的妹妹，我和使者喝酒，结果耽误了回来的时间。”春申君说：“送过聘礼了吗？”李园说：“还没有。”春申君说：“可以让我见一下令妹吗？”李园说：“可以的。”于是李园就把妹妹献给了春申君，得到春申君的宠爱。

【原文】

知其有身，园乃与其女弟谋。园女弟承间说春申君曰：“楚王之贵幸君，虽兄弟不如。今君相楚二十余年，而王无子，即百岁后将更立兄弟。即楚王更生，彼亦各贵其故所亲，君又安得长有宠乎？非徒然也，君用事久，多失礼于王兄弟，兄弟诚立，祸且及身，奈何以保相印、江东之封乎[1]？今妾自知有身矣，而人莫知。妾之幸君未久，诚以君之重而进妾于楚王，王必幸妾。妾赖天而有男，则是君之子为王也，楚国封尽可得，孰与其临不测之罪乎？”春申君大然之。乃出园女弟谨舍，而言之楚王。楚王召入，幸之。遂生子男，立为太子，以李园女弟立为王后。楚王贵李园，李园用事。

李园既入其女弟为王后，子为太子，恐春申君语泄而益骄，阴养死士，欲杀春申君以灭口，而国人颇有知之者。

【注释】

〔1〕江东之封：江东，指长江下游以南地区。春申君在此有十二县的封地。

【译文】

当李园知道妹妹有了身孕，就和妹妹商量好一个计谋。李园妹妹向春申君说：“君王宠信你，就连兄弟也不过如此。现在你当楚国相国已经二十多年，可是楚王还没有儿子。等到楚王死后，必然拥立兄弟为王。楚国王位更换，必然重用自己的亲人，您又怎么能长久得到宠信呢？不仅如此，您出任宰相的时间又长，难免对大王兄弟有许多失礼得罪之处。将来大王兄弟如果真能登上王位，您定会身受大祸，又怎能保住相国和江东的封地呢？现在臣妾已经知道自己怀有身孕，旁人却谁也不知道。臣妾受你的宠幸还不算久，假如能凭你的高贵身份而把臣妾献给楚王，那楚王必然会宠幸臣妾。万一臣妾能得上天的保佑而生个儿子，那岂不是你的儿子做了楚王，到那时楚国的所有不尽在你的掌握之中吗，这和面对着不可猜测的罪过相比，哪一个更好呢？”春申君认为这话很对，就把李园的妹妹迁到一个秘密住处，并向楚王说进献李园妹妹。楚王把李园妹妹召来后就非常喜欢她。后来果然生了一个男孩，而且被立为太子，立李园妹妹为皇后。考烈王也很重用李园，因而李园也就掌握了朝政。

李园既然把自己的妹妹送入宫中成了皇后，所生的孩子又成了太子，深恐春申君越发骄纵或者泄漏内幕，因此就在暗中养着刺客，想杀死春申君灭口，不过有很多人知道这件事。

【原文】

春申君相楚二十五年，考烈王病。朱英谓春申君曰[1]："世有无妄之福，又有无妄之祸。今君处无妄之世，以事无妄之主，安不有无妄之人乎？"春申君曰："何谓无妄之福？"曰："君相楚二十余年矣，虽名为相国，实楚王也。五子皆相诸侯。今王疾甚，旦暮且崩，太子衰弱，疾而不起，而君相少主，因而代立当国，如伊尹、周公，王长而反政，不，即遂南面称孤。因而有楚国。此所谓无妄之福也。"春申君曰："何谓无妄之祸。"曰："李园不治国，王之舅也。不为兵将，而阴养死士之日久矣。楚王崩，李园必先入。据本议制断君命，秉权而杀君以灭口。此所谓无妄之祸也。"春申君曰："何谓无妄之人？"曰："君先仕臣为郎中[2]，君王崩，李园先入，臣请为君劙其胸杀之。此所谓无妄之人也。"春申君曰："先生置之，勿复言已。李园，软弱人也。仆又善之，又何至此？"朱英恐，乃亡去。

【注释】

〔1〕朱英：赵人。

〔2〕郎中：官名，负责宫中侍卫。

【译文】

当春申君做楚相国第二十五年时，考烈王生病了。这时朱英对春申君说："世间有出人意外的鸿福，也有始料不及的横祸。现在您正处在出人意外的世界里，去侍奉出人意外的君主，怎能得不到出人意外的人呢？"春申君说："什么叫作出人意外的福呢？"朱英说："您当楚国的相国已经二十多年了，虽然名是楚国的相国，实际上是楚国的国王。五个儿子都当上了诸侯的辅相。现在君王病得很重，早晚是会死的，一旦大王彻底病倒了，您就得做少主的相国，太子又很弱小，您就得代少主掌管国政，就像伊尹和周公一样，等少主长大再让他亲政，要不然，您就可以面南称王，掌握楚国。这就是所谓出人意外的福。”春申君说：“那什么叫出人意外的祸呢？”朱英说：“李园不是治理国家的相国，而是君王的大舅子。他既然不是领兵大将，却在暗地里豢养刺客，这事已经很久了。楚王死后，李园必定入宫，据本奏议，假传君王命令依权杀死阁下灭口，这就是所谓意想不到的祸。”春申君说：“什么叫作意想不到的人呢？”朱英说：“阁下先任命臣为郎中卫士官，君王死后，李园一定先入宫，请让臣替您以利剑刺入他的胸膛把他杀死，这就是所谓意想不到的人。”春申君说：“先生先别提这事，李园为人诚恳老实，我又和他很要好，怎么能用这种毒辣手段呢？”朱英一看春申君不肯听他的话，心里便害怕起来，就赶紧逃离楚国。

【原文】

后十七日，楚考烈王崩，李园果先入，置死士，止于棘门之内[1]，春申君后入，止棘门。园死士夹刺春申君，斩其头，投之棘门外。于是使吏尽灭春申君之家。而李园女弟，初幸春申君有身，而入之王所生子者，遂立为楚幽王也。

是岁，秦始皇九年矣。嫪毐亦为乱于秦[2]，觉，夷三族，而吕不韦废[3]。

【注释】

〔1〕棘门：《史记》作“寿明城门”。一说“棘”同“朝”，有持戟卫士把守的宫门。

〔2〕嫪毐(lào ǎi)：秦宫官，与秦始皇母私通。

〔3〕吕不韦：秦相国，因送嫪毐于太后事，被废除相位。

【译文】

十七天后，楚考烈王驾崩，李园果然先入宫中，暗中在棘门内布置刺客。当春申君经过棘门时，李园的刺客从门两边跳出杀死他，然后将他的头割下丢到棘门外。同时又派人杀死春申君的全部家族。李园的妹妹所生的孩子，被立为楚幽王。

当时秦始皇已经在位九年，嫪毐也正在与秦太后通奸，被发觉后，满门抄斩，诛连九族，吕不韦也为了这件事而被废除相位。

知伯帅赵韩魏而伐范中行氏

【题解】

本文选自《赵策一》。

赵、韩、魏三家分晋，开始了我国历史上的战国时代。本文记述了赵、韩、魏三家联合消灭晋国最强大的贵族——知伯、并终于瓜分了晋国这一著名的历史事件。

【原文】

知伯帅赵〔1〕、韩、魏而伐范、中行氏〔2〕，灭之。休数年，使人请地于韩。韩康子欲勿与，段规谏曰〔3〕：“不可。夫知伯之为人也，好利而鸷愎，来请地不与，必加兵于韩矣。君其与之。与之〔4〕，彼狃，又将请地于他国，他国不听，必乡之以兵；然则韩可以免于患难，而待事之变。”康子曰：“善。”使者致万家之邑一于知伯。知伯说，又使人请地于魏，魏宣子欲勿与〔5〕。赵葭谏曰〔6〕：“彼请地于韩，韩与之。请地于魏，魏弗与，则是魏内自强，而外怒知伯也。然则其错兵于魏必矣！不如与之。”宣子曰：“诺。”因使人致万家之邑一于知伯。知伯说，又使人之赵，请蔡、皋狼之地〔7〕，赵襄子弗与。知伯因阴结韩、魏，将以伐赵。

【注释】

〔1〕知伯：晋臣，名瑶。知宣子之子。

〔2〕范、中行氏：晋臣。范，地吉射。中行，中行寅。

〔3〕段规：郑共叔段之后代，韩康子之相国。

〔4〕译文依鲍本“与之”不重。

〔5〕魏宣子：晋臣。

〔6〕赵葭：魏宣子臣。

〔7〕蔡、皋狼：在今山西省离石县一带。

【译文】

知伯率赵、韩、魏三国联军攻打范氏和中行氏，大胜。休整了几年以后，知伯又派人到韩国去要土地，韩康子拒绝不给，这时韩臣段规谏言韩康子说："不可不给知伯土地，因为知伯这个人贪得无厌，而且生性残暴无度。如今他来要土地如果不给他，他必定派兵来攻打韩国。所以君王不如给他土地，必然使他恶习膨胀再向其他国去要土地，别的国家如果不给他土地，他也必然发兵去攻打；韩国则可以蚀财消灾，再等待形势的转变。"韩康子说："很好。"于是韩康子就派使献一万户给知伯。知伯得到土地以后很高兴，因而又派人去到魏国要土地，魏宣子想不给他，这时魏臣赵葭谏言魏宣子说："知伯向韩国要土地时，韩王给他一个一万户人家的城邑。他现在又来向魏国要，假如魏国不给他土地，那就等于是魏国自恃强大而对外激怒知伯，知伯必然会发兵攻打魏国，所以还是给他土地好。"魏宣子说："就这样办。"于是就派使割让一万户人家的城邑给知伯，知伯很高兴，就又派人向赵国要求蔡、皋狼等地，可是赵襄子却不给。于是知伯就跟韩、魏两国缔结密约，准备组成联军攻打赵国。

少虡剑　春秋后期，长54厘米，宽5厘米，重0.88千克，晋国兵器。内有铭文：鋪吕。朕余名之。吉日任午。謂之少虡，作为元用。玄镠。

【原文】

赵襄子召张孟谈而告之曰[1]："夫知伯之为人，阳亲而阴疏，三使韩、魏，而寡人弗与焉，其移兵寡人必矣。今吾安居而可？"张孟谈曰："夫董阏安于[2]，简主之才臣也[3]，世治晋阳，而尹泽循之[4]，其余政教犹存，君其定居晋阳。"君曰："诺"。乃使延陵王将车骑先之晋阳[5]，君因从之。至，行城郭，案府库，视仓廪，召张孟谈曰："吾城郭完，府库足，仓廪实矣，无矢奈何？"张孟谈曰："臣闻董子之治晋阳也，公宫之垣，皆以狄蒿苦楚墙之[6]，其高至丈余，君发而用之。"于是发而试之，其坚则箘簬之劲不能过也。君曰："矢足矣[7]，吾铜少若何？"张孟谈曰："臣闻董子之治晋阳也，公宫之室，皆以炼铜为柱质，请发而用之，则有余铜矣。"君曰："善。"号令以定，备守以具。

【注释】

〔1〕张孟谈：赵襄子的谋臣。

〔2〕董阏安于：赵氏家臣。

〔3〕译文依鲍本“主”作“子”，简主，即赵鞅，谥号子，赵襄子之父。

〔4〕尹泽：赵氏家臣。

〔5〕延陵王：王应作“生”，赵襄子家将。

〔6〕译文依鲍本“狄”作“获”。

〔7〕译文依鲍本“足”前有“矢”。

【译文】

这时赵襄子召见张孟谈，把知伯要土地的事告诉他说：“知伯的为人，表面上跟你亲密，内心跟你疏远。他已经得到了韩、魏的土地，如今又向我赵国来勒索，寡人却偏偏不愿意给他，那他必然会发兵来攻打赵国，您认为我该如何对付？”张孟谈说：“我认为以前董阏安于是赵简子最具才干的臣子。他世代治理晋阳，尹泽又进一步修建晋阳城也模仿他的治绩，现在他们的政教遗风还存在，所以我建议君主不如先还都晋阳！”赵襄子说：“就这么办。”于是赵襄王就派延陵生率领战车和骑兵先去晋阳，而赵襄子则率领文武朝臣随后赶到。赵襄子到了晋阳以后，首先巡视城郭，调查府库和仓岸。召见张孟谈说：“寡人看城郭很牢固，府库也很充实，军粮也足够吃，只可惜没有箭怎么办？”张孟谈说：“我听说，以前董子治理晋阳，宫殿的墙是用狄、蒿、楛、荆条相连筑城，能有一丈多高，现在把这些东西拿来用就可以了。”于是赵襄子就把这些用树筑成的篱笆拆下来，试一下篱笆的坚固程度，果然做得比竹箭还要硬。赵襄子说：“箭是够了，但是铜却很少，又该怎么办呢？”张孟谈说：“听说董子治理晋阳时，宫殿都是用炼过的铜做柱子，君王可以把这些铜柱挖出来使用，那就有用不完的铜了。”赵襄子说：“好的。”赵襄子发出命令，备齐防御武器。

【原文】

三国之兵乘晋阳城，遂战。三月不能拔，因舒军而围之，决晋水而灌之。围晋阳三年，城中巢居而处，悬釜而炊，财食将尽，士卒病羸。襄子谓张孟谈曰：“粮食匮，财力尽，士大夫病，吾不能守矣。欲以城下，何如？”张孟谈曰：“臣闻之，亡不能存，危不能安，则无为贵知士也。君释此计，勿复言也。臣请见韩、魏之君。”

襄子曰："诺。"张孟谈于是阴见韩、魏之君曰："臣闻唇亡则齿寒，今知伯帅二国之君伐赵，赵将亡矣，亡则二君为之次矣。"二君曰："我知其然。夫知伯为人也，粗中而少亲，我谋未遂而知，则其祸必至，为之奈何？"张孟谈曰："谋出二君之口，入臣之耳，人莫之知也。"二君即与张孟谈阴约三军，与之期日，夜，遣入晋阳。张孟谈以报襄子，襄子再拜之。

【译文】

知伯、韩、魏三国联军开到晋阳。于是赵国就和三国展开激战。经过三个月之久，晋阳还未被攻下。于是三国联军就把军队散开，从四面八方包围晋阳城，同时又挖开晋水来淹晋阳。攻晋阳三年之后，城内人都在树上搭房子住，把锅吊在树上做饭。当军资粮饷快用完时，赵国的守军也疲惫不堪了。这时赵襄子又问张孟谈说："粮食已经快要吃完，将士的力气也快要用尽，而士大夫更都痛苦不堪，寡人已经无法守住晋阳，因此寡人想开城投降，贤卿你看如何？"张孟谈说："我听说，国家将灭亡而不想办法使它存在下去，国家发生危险而不设法使它安定，那要这些足智多谋的领袖干什么呢？君主可以放弃这种想法，不必再说，让臣去晋见韩、魏两国君王！"赵襄子说："就这样办吧！"于是张孟谈悄悄去见韩、魏两国君主说："我听说'嘴唇丧失了，牙齿就会寒冷。'现在知伯率领韩、魏两国君主的军队攻打赵国，赵危在旦夕，赵国灭亡后，就会轮到韩、魏两国。"韩、魏两国君主说："我们也都知道会是如此，因为知伯的为人狂暴不仁，假如我们的计谋还没有形成就被知伯识破，那就必然大祸临头，足下你看要怎么办？"张孟谈说："计谋是从君王的嘴里说出的，听到的只有臣的耳朵，别人是无法知道的。"于是韩、魏两国君主这才与张孟谈暗暗地联合三军，约好时间，约定夜晚派兵入晋阳。张孟谈向赵襄子回报以后，赵襄子再三向张孟谈拜谢。

【原文】

张孟谈因朝知伯而出，遇知过辕门之外[1]。知过入见知伯曰："二主殆将有变。"君曰："何如？"对曰："臣遇张孟谈于辕门之外，其志矜，其行高。"知伯曰："不然。吾与二主约谨矣，破赵三分其地，寡人所亲之，必不欺也。子释之，勿出于口。”知过出见二主，入说知伯曰：“二主色动而意变，必背君，不如杀之。”知伯曰：“兵箸晋阳三年矣，旦暮当拔之而飨其利，乃有他心？不可，子慎勿复言。”知过曰：“不杀则遂亲之。”知伯曰：“亲之奈何？”知过曰：“魏宣子之谋臣曰赵葭，韩康子之谋臣曰段规，是皆能移其君之计。君其与二君约，破赵则封二子者各万家之县一，如是则二主之心可不变，而君得其所欲矣。”知伯曰：“破赵而三分其地，又封二子者各万家之县一，则吾所得者少，不可。”知过见君之不明也，言之不听，出，更其姓为辅氏，遂去不见。

【注释】

〔1〕知过：知伯同族。

【译文】

张孟谈又去拜见知伯，走出宫门后在辕门外边遇见知过。知过进去见知伯说：“韩、魏两国君主恐怕要叛变。”知伯问：“何以见得？”知过回答说：“臣在辕门外遇见了张孟谈，看他的神情好像趾高气扬的样子，当时他正在阔步而行。”知伯说：“不会的，寡人跟韩、魏两国君主订立密约，明言灭赵以后三分赵国土地，我信得过这两位君主，他们不会背叛我。贤卿可尽管放心，千万不要把话泄露出去！”知过就出去见韩、魏两国君主，回来对知伯说：“臣见韩、魏两国君主神情反常，已经有背叛贤君的迹象，所以不如赶紧把他们杀死！”知伯说：“我三国联军围困晋阳三年，如今晋阳的陷落指日可待，也就是马上就可享受权利瓜分土地，韩、魏君主怎么会有异心叛变呢？绝对不会的，贤卿不要再说这话！”知过说：“如果不杀韩、魏君主，那就要尽量跟他们亲善。”知伯说：“你说该怎么办呢？”知过说：“魏宣子有个谋臣叫赵葭，韩康子有个谋臣叫段规，这两位重臣都有影响君主决策的实力。因此贤君不如跟这两位重臣订立密约，言明灭赵以后每人都封他们一个一万户人家的大县；这样他们两人就可以使韩、魏君主不叛变，到那时贤君的一切愿望都可以实现。”知伯说：“灭赵以

后我们三家平分赵地，假如再各封两位重臣一万户人家的县一个，那寡人所得的土地岂不是太少了吗？”知过如何苦劝也不能使知伯采纳他的意见，就赶紧离开知伯，改姓氏为辅，从此一去不知所终。

【原文】

张孟谈闻之，入见襄子曰：“臣遇知过于辕门之外，其视有疑臣之心，入见知伯，出更其姓。今暮不击，必后之矣。”襄子曰：“诺。”使张孟谈见韩、魏之君曰：“夜期，杀守堤之吏，而决水灌知伯军。”知伯军救水而乱，韩、魏翼而击之，襄子将卒犯其前，大败知伯军而禽知伯。

知伯身死，国亡地分为三，为天下笑，此贪欲无厌也。夫不听知过，亦所以亡也。知氏尽灭，唯辅氏存焉。

【译文】

张孟谈知道此事以后，就进去见赵襄子说：“臣在辕门外遇见知过，他好像对臣存有疑心，他晋见知伯以后，出来后就立刻改名换姓。这里面一定有文章，假如君王今晚不进攻他们，必然会错过大好时机。”赵襄子说：“就这么办！”于是派张孟谈去见韩、魏君主说：“今晚杀死守河堤的将士，以便决堤淹知伯军营！”当夜韩、魏果然掘开河堤，知伯军为了救水而大乱，而韩、魏两军又从左右夹击，赵襄子率军迎头痛击，结果大败知伯军并生擒知伯。

结果知伯身死国亡，土地被赵、韩、魏三国瓜分，又被天下人耻笑。这都是贪得无厌所招来的灾祸。知伯不听知过的苦谏，也是招致灭亡的原因之一。知氏被全部灭掉，唯独辅氏存在。

武灵王平昼闲居

【题解】

本文选自《赵策二》。

赵武灵王执政时，赵国与许多北方民族部落为邻。这些部落以游牧为生，强悍善战，骑马射箭，来去如飞。他们的不断骚扰、侵犯，使赵国的安全受到极大威胁。为了抗击他们的入侵，并能与秦、齐等诸侯强国抗衡，赵武灵王决定改变传统的步兵车战的作战方式，建立骑兵队伍；废除传统的宽袍长袖式的服饰和笨重的战争装备，采用有利于骑射的轻便胡服，提高战斗力。以公子成为首的一批宗室贵戚，因循守旧，以华夏正宗、古法古教不可变为理由反对改革，赵武灵王针锋相对，提出了“理世不必一道，便国不必法古”“观时而制法，因事而成礼”的进步观点来开导他们，从而批驳了保守思想，冲破了种种阻力，终于取得了改革的成功。

【原文】

武灵王平昼闲居，肥义侍坐[1]，曰：“王虑世事之变，权甲兵之用，念简、襄之迹[2]，计胡、狄之利乎？”王曰：“嗣立不忘先德，君之道也；错质务明主之长，臣之论也。是以贤君静而有道民便事之教，动有明古先世之功。为人臣者，穷有弟长辞让之节，通有补民益主之业。此两者，君臣之分也。今吾欲继襄主之业[3]，启胡、翟之乡，而卒世不见也。敌弱者，用力少而功多，可以无尽百姓之劳，而享往古之勋。夫有高世之功者，必负遗俗之累；有独知之虑者，必被庶人之怨。今吾将胡服骑射以教百姓，而世必议寡人矣。”

【注释】

〔1〕肥义：赵臣，以分名为氏，名义。

〔2〕简、襄：简，赵简子，名鞅。襄，赵襄子，名无恤。

〔3〕襄主：赵襄子。

【译文】

赵武灵王平日在家闲坐，亲信大臣肥义在旁陪坐，说：“大王是不是在考虑当今形势的变化？是不是在衡量军事力量的使用？是不是在追念要完成先主简子、襄子的功业？是不是在估计消灭胡、狄的利益呢？”赵王说：“继承王位，不忘先主的功业，这是国君应该做的；为国君服务，力图使国君的特长发扬光大，这是大臣应该明确的。所以，贤明的国君：平时要制定教导人民、便利国事

的政令；战时要建立超越古代、盖世无双的功业。做人臣的，无官闲居时，有尊敬长辈、谦恭辞让的品德；在朝做官时，有造福人民、辅助国君的贡献。这两方面是国君和人臣的本分。现在我想继续完成襄主未完成的功业，开发胡、狄僻陋的郊野，而我这些打算终究是不会被人理解的。进攻弱小的胡、狄，用力小而功效大，可以不使人民精疲力竭，又享受到像先生建立的功勋。要想建立盖世功业的人，必然会遭到一般庸人流俗的议论和反对；有独到见解的人，必然会遭到一般人的不满。现在我想教导百姓，穿着胡服，训练骑射，而一般人一定会议论批评。”

【原文】

肥义曰：“臣闻之，疑事无功，疑行无名。今王即定负遗俗之虑。殆毋顾天下之议矣。夫论至德者，不和于俗；成大功者，不谋于众。昔舜舞有苗[1]，而禹袒入裸国[2]，非以养欲而乐志也，欲以论德而要功也。愚者暗于成事，智者见于未萌，王其遂行之。”王曰：“寡人非疑胡服也，吾恐天下笑之。狂夫之乐，知者哀焉；愚者之笑，贤者戚焉。世有顺我者，则胡服之功未可知也。虽殴世以笑我，胡地中山吾必有之。”王遂胡服。

【注释】

〔1〕有苗：苗族，三苗后裔，在今湖南省溪涧一带。

〔2〕禹袒入裸国：《淮南子》：“禹入裸国，解衣而入，衣带而出，因之也。”

【译文】

肥义说：“我听说，谋事如果犹豫不决，就不会成功；行动如果瞻前顾后，就没有成果。现在大王就下定决心，准备接受世俗人的议论批评吧！你一定不要顾虑人们的议论、批评。议论最高德行的人，是不附和世俗之论的；建立伟大功业的人，是不与众人谋划的。从前舜帝跳苗族的舞蹈，禹帝裸体进入裸国，这并不是放纵情欲，欢娱心意，而是随俗而行，表明因时因地制宜的原则，为了建立功业。愚蠢的人看不清已经成功了的事，聪明的人在事情还没有露头时就能觉察到。大王您就按照您的打算实行吧！”赵王说：“我并不是对实行胡服还有什么疑虑，而是担心人们讥笑我。狂人高兴，聪明人却为他惆怅；愚人欢笑，贤能者却为他悲伤。世上如果有同意我的，那么实行胡服的效果是难以估量的。虽然举世皆笑我，但胡地和中山国一定为我所有。”于是赵王就下令全国改革服装，实行胡服。

【原文】

使王孙緤告公子成曰：“寡人胡服，且将以朝，亦欲叔之服之也。家听于亲，国听于君，古今之公行也；子不反亲，臣不逆主，先王之通谊也。今寡人作教易服，而叔不服，吾恐天下议之也。夫制国有常，而利民为本；从政有经，而令行为上。故明德在于论贱，行政在于信贵。今胡服之意，非以养欲而乐志也。事有所出，功有所止。事成功立，然后德且见也。今寡人恐叔逆从政之经，以辅公叔之议，且寡人闻之，‘事利国者行无邪，因贵戚者名不累。’故寡人愿慕公叔之义，以成胡服之功。使緤谒之叔，请服焉。”

【译文】

赵王派王孙给公子成传达他的意见，说：“我要改穿胡服上朝，希望兄弟也改穿胡服上朝。在家听从父母的，在朝听从国君的，这是古今公认的道理。做儿子的不能违背父母之命，做大臣的不能违背国君之命，这是先王基本的道理。现在我下令全国改革服装，而您不穿胡服，我担心天下人会为此而议论我。治理国家，有一定的法则，以有利于人民为根本；从事政治，有一定的原则，以命令能够通行为首要。所以，要想建立出色的政绩，必须为人民着想；要想贯彻政令，必然使贵戚以身作则。现在实行胡服的用意，并非为了放纵情欲，欢娱心意。凡事有了开头，成功也就有了基础；事情完成了，功业建立了，政绩必然表现出来。现在我担心兄弟违反从政的原则，所以我说了这些供您考虑。而且，我听说，办事只要有利于国家，做起来就不会有错误；办事只要借助贵戚的力量，名声不会受到损害。所以寡人希望仰仗公叔的义行，以成就改穿胡服的功业，派绁去拜见叔父，请叔父改穿胡服吧。”

【原文】

公子成再拜曰：“臣固闻王之胡服也，不佞寝疾，不能趋走，是以不先进。王今命之，臣固敢竭其愚忠。

臣闻之：中国者，聪明睿知之所居也，万物财用之所聚也，圣贤之所教也。仁义之所施也，《诗》、《书》、《礼》、《乐》之所用也，异敏技艺之所试也。远方之所观赴也。蛮夷之所义行也，今王释此，而袭远方之服，变占之教，易古之道，畔学者，离中国，臣愿大王图之。”

【译文】

公子成再一次拜谢说：“臣下本来听说君王改穿胡服了，可是不才因为卧病在床，不能快跑去拜见君王，所以没有及早进言。君王如今下了命令，臣下坚决对君王竭尽忠诚。臣下听说，中原地方，是聪明有远见的人居住的地方，是万物财用聚积的地方，是贤圣实行教化的地方，是仁义施行的地方，是《诗》《书》《礼》《乐》运用的地方，是奇异精巧技能试行的地方，是远方国家观摩向往的地方，是四方少数民族效法的地方。如今君王放弃这些固有的东西，而袭用远方的服装，改变古人的教导，更改古代的主张，违背人们的心意，背叛学者的教诲，背离中国的传统，臣下希望大王考虑这些事。”

【原文】

使者报王。王曰：“吾固闻叔之病也。”即之公叔成家，自请之曰：“夫服者，所以便用也；礼者，所以便事也。是以圣人观其乡而顺宜，固其事而制礼，所以利其民而厚其国也。被发文身，错臂左衽，瓯越之民也[1]。黑齿雕题，鳀冠秫缝，大吴之国也。礼服不同，其便一也。是以乡异而用变，事异而礼易。是故圣人苟可以利其民，不一其用；果可以便其事，不同其礼。儒者一师而礼异，中国同俗而教离，又况山谷之便乎？故去就之变，知者不能一；远近之服，圣贤不能同。穷乡多异，曲学多辨。不知而不疑，异于己而不非者，公于求善也。今卿之所言者，俗也。吾之所言者，所以制俗也。今吾国东有河、薄洛之水，与齐、中山同之，而无舟楫之用。自常山以至代、上党，东有燕、东胡之境，西有楼烦、秦、韩之边，而无骑射之备。故寡人且聚舟楫之用，求水居之民，以守河、薄洛之水；变服骑射，以备其参胡[2]、楼烦、秦、韩之边，且昔者简主不塞晋阳，以及上党，而襄主兼戎取代，以攘诸胡，此愚知之所明也。先时中山负齐之强兵，侵掠吾地，系累吾民，引水围鄗，非社稷之神灵，即鄗几不守。先王忿之，其怨未能报也。今骑射之服，近可以备上党之形，远可以报中山之怨。而叔也顺中国之俗以逆简、襄之意，恶变服之名，而忘国事之耻，非寡人所望于子！”

公子成再拜稽首曰：“臣愚不达于王之议，敢道世俗之闻。今欲继简、襄之意，以顺先王之志，臣敢不听令？”再拜，乃赐胡服。

【注释】

〔1〕瓯越：在今广东及海南。

〔2〕参胡：三胡。

【译文】

使者把公子成的情况报告赵武灵王。武灵王说：“我本来听说叔父生病了。”立刻前往公叔成家，亲自告诉公叔成说：“衣服，是便于应用的东西；礼义，是便于行事的礼节。因此圣人考察当地的风俗而因地制宜地制作服装，根据行事的便利而制定礼仪，这是为了有利民众增强国家实力的措施。披散着头发，身刺花纹，站立时两臂交叉并向左掩衣襟，这是五越民族的风俗礼仪。用草汁染黑牙齿，在额上刺画花卉涂以青丹，用鲇鱼皮做帽子，缝纫粗拙，这是吴国的风俗和礼仪。他们的礼节服饰虽然是不一样，但是为求便利的心情则是相同的。所以乡情不同，风俗习惯都有变化；事情不同，礼法自然也要改变。因而圣人主张，只要对人民便利，绝对不硬性统一风俗习惯；只要对事情便利，绝对不强行统一礼法，儒家的师法相同，但是礼制却不相同；中原的风俗相同，而教化却不相同，何况是深山野外的生活习惯呢！因此风俗的扬弃或接受的变化，再聪明的人也不能使它固定为一；而远近的服饰，即使是圣人也不能统一。穷乡僻壤多奇风异俗，雅辟的学者多诡辩。

不知道底细不要去怀疑，和自己的习惯不同更不要加以排斥，这才是大公无私的求善之心。现在叔父所说的是世俗之论，而寡人所说的是革新之论。我国东有黄河、薄洛之水，我们和齐国、中山共同使用这些，但是我们没有船舶备用。从常山一直到代郡、上党之间，东是燕国和东胡的边境，西是楼烦、秦、韩的边境，但我们没骑射的装备。所以寡人马上准备船舶备战，招募水兵，防守黄河、薄洛之水；换上胡服练习骑射，以便防守和燕国、东胡、楼烦、秦、韩接壤的边境。以前简主没有堵塞晋阳到上党一带，襄主兼并戎狄占领代郡，再攻打胡人，这是不论愚鲁或聪明的人都显而易见的事。以前中山国仗着齐国的强兵支援，侵扰我赵国土地，俘虏我赵国百姓，并且引水围困鄗，如果没有社稷神明的保佑，那鄗就会失守。先王虽然很气愤，但是这个仇却没有报。现在假如我军能够改穿便于骑射的胡服，不但就近可以防守上党，而且更能够远报中山之仇。然而如今叔父却固守中原习俗，违背简主和襄主的遗愿，反对改穿胡服的倡议，忘掉了国家的奇耻大辱，这绝不是寡人所希望于叔父的。”

公子成再次跪地磕头说：“臣愚昧无知，没能理解君王的意旨，只知道陈述世俗的言论。现在君王既然想继承简主和襄主的遗志，以便完成先王的心愿，臣又怎敢不服从君主的命令呢？”说完了又跪地朝拜，于是赵武灵王便赐给他一套胡服。

【原文】

赵文进谏曰：“农夫劳而君子养焉，政之经也。愚者陈意而知者论焉，教之道也。臣无隐忠，君无蔽言，国之禄也，臣虽愚，愿竭其忠。”王曰：“虑无恶扰，忠无过罪，子其言乎！”赵文曰：“当世辅俗，古之道也。衣服有常，礼之制也。修法无愆，民之职也。三者，先圣之所以教。今君释此，而袭远方之服，变古之教，易古之道，故臣愿王之图之。”王曰：“子言世俗之间。常民溺于习俗，学者沉于所闻。此两者，所以成官而顺政也，非所以观远而论始也。且夫三代不同服而王，五伯不同俗而政。知者作教，而愚者制焉。贤者议俗，不肖者拘焉。夫制于服之民，不足与论心；拘于俗之众，不足与致意。故势与俗化，而礼与变俱，圣人之道也。承教而动，循法无私，民之职也。知学之人，能与闻迁；达礼之变，能与时化。故为已者不待人，制今者不法古，子其释之。”

【译文】

这时赵文进谏说：“农夫辛苦耕田，君子却坐享其成，这是天经地义的常法。愚鲁的人提出的意见，聪明的人择善而定，这是教育的原则。臣不隐讳忠贞之言，君不隐藏要说的话，这就是国家之福。臣虽然愚鲁，却愿意竭尽忠诚。”赵武灵王说：“思想坚定就不能被邪恶扰乱，心地忠诚就不怕受罪过，那就请贤卿说吧！”赵文说：“顺从世道扶助民心，这是古来正道；不变更传统服饰是礼法的规定；服从法律不犯罪是民众的天职，这三者都是古圣先王的教化。如今君王竟然放弃这些，而穿用远方蛮国的胡服，这就等于变更古人教化、更改古人的正道，所以臣恳请大王要慎重考虑！”赵武灵王说：“贤卿所说的都是世俗的偏见，因为一般人都拘泥于传统习俗，而平庸的学者更拘泥于传统学说，这两种态度，用来做官和管理政务是可以的，可是却不能用来高瞻远瞩论讨国家大事。再说，夏、商、周三代的服饰虽然都不尽相同，却能拥有天下；五霸的教化虽然都不同，却能修明政治。聪明者制定教化，那些愚鲁无知的人就受到控制；贤明之士讨论风俗，那些冥顽不灵之徒就受到约束。那些食古不化的人，不能和他们讨论问题；那些拘泥世俗的人，不能和他们沟通思想。所以习俗只有按照形势演变，礼法只能跟随世俗推移，这也就是圣人治国之道。按照教化而采取行动，根据法律而排除私心，这是治民的职责。有学问的人，能按照自己的所学来改变言行，一直达到礼法的变革，能随着时间的推移而变化。所以有主见的人不追随他人，能创新的人不模仿古人，贤卿应当放弃自己的想法！”

【原文】

赵造谏曰：“隐忠不竭，奸之属也。以私诬国，贼之类也。犯奸者身死，贼国者族宗。此两者，先圣之明刑，臣下之大罪也。臣虽愚。愿尽其忠，无遁其死。”王曰：“竭意不讳，忠也。上无蔽言，明也。忠不辟危，明不距人。子其言乎。”

赵造曰："臣闻之，'圣人不易民而教，知者不变俗而劝。因民而教者，不劳而成功；据俗而动者，虑径而易见也。'今王易初不循俗，胡服不顾世，非所以教民而成礼也。且服奇者志淫，俗辟者乱民，是以莅国者不袭奇辟之服，中国不近蛮夷之行，非所以教民而成礼者也。且循法无过，修礼无邪，臣愿王之图之。"

【译文】

赵造进谏说："不竭尽忠言的是奸臣之辈，为私利而危害国家的，这是贼害一类的人。犯了奸佞罪的人，应该处死；犯了危害国家罪的人，应该灭族。犯了这两种罪的人，先王明确规定要判刑，这就是臣下的大罪。我虽愚蠢，但愿意竭尽忠心，绝不畏死。"赵王说："做臣的知无不言，言无不尽，无所顾忌，就是尽忠；为君的有则改之，无则加勉，广开言路，就是英明。竭尽忠心的大臣是不害怕危险的，英明通达的国君是不拒绝别人批评的。你就畅快地说吧。"

赵造说："我听说：圣人不改变人民的要求进行教化，智者不变更旧的礼俗来治理国家。根据人民的要求进行教化，不用费力就会收到成效；根据人民旧的礼俗来治理国家，考虑起来方便，做起来也容易见效。现在大王要改变最初的服饰，不遵循旧的礼俗，实行胡服，而不顾人民的议论，这不能用来教化人民，树立新的礼俗。而且奇装异服，惑乱人心；习俗不正，扰乱人民。所以，国君不采用奇装异服，中原之国不效法蛮夷的邪僻行为，这些都不是用来教化人民、建立礼法制度的。而且，遵循旧的制度是不会犯错误的，遵循旧的礼俗是不会走上邪路的。我希望大王深思熟虑。"

【原文】

王曰："古今不同俗，何古之法？帝王不相袭，何礼之循？宓戏[1]、神农教而不诛，黄帝、尧、舜诛而不怒。及至三王，观时而制法，因事而制礼，法度制令，各顺其宜；衣服器械，各便其用。故礼世不必一道，便国不必法古。圣人之兴也，不相袭而王。夏、殷之衰也，不易礼而灭。然则反古未可非，而循礼未足多也。且服奇而志淫，是邹、鲁无奇行也[2]；俗辟而民易，是吴、越无俊民也[3]。是以圣人利身之谓服，便事之谓教，进退之谓节，衣服之制，所以齐常民，非所以论贤者也[4]，故圣与俗流，贤与变俱，谚曰：'以书为御者，不尽于马之情[5]，以古制今者，不达于事之变。'故循法之功，不足以高世；法古之学，不足以制今。子其勿反也。"

【注释】

〔1〕宓戏：太昊伏羲氏，又称庖牺氏。姓风，生于成妃。

〔2〕邹、鲁无奇行：邹鲁人冠顶长缨，可谓奇服，然而却产生孔子、孟子、颜回等有"奇行"的人。

〔3〕吴、越无俊民：吴越出现过李札、大夫种这些智多的人。

〔4〕论：衡量。

〔5〕不尽于马之情：不能完全了解马的性情。

【译文】

赵武灵王说："古今的习俗不同，究竟要遵循哪种习俗呢？帝王的礼法也不是一脉相承的，那究竟遵循哪种礼法呢？伏羲、神农教化民众而不处罚民众，黄帝、唐尧、虞舜处罚民众而不仇视民众。而到三王时代，观察时事而制定法律，按照实情而制定礼仪。所有法令制度都分别顺应时代制定，衣服、家具、器械也都讲求便利。所以治理百姓不必统一其道，要想使国家富强也不必模仿古人。当圣人兴起时，不因袭旧制就能够获得天下；当夏朝和商朝衰亡时，并没有变更礼法便灭亡了。此可见违背古法无可厚非，而死守古礼也不足称道。如果说奇装异服违背中庸之道，难道在邹、鲁两国就都没有奇风异俗吗？如果说风情偏陋而民情陷于骚乱，难道吴、越一带没有俊杰之士吗？所以圣人认为，能够保护身体的就叫'服'，对事情有帮助的就叫'教'，进退适度的就叫'节'。至于衣服之制，是用来整肃民众的，并不能依此来评价贤能。所以一般百姓都随波逐流，圣贤之士也该适应

世事的变化。俗话说：'按照书本上的方法来驾御马的人，当然不能十分了解马的习性；用古礼来治理当今国家的人，不可能符合变化的实际情况。'所以泥古不化的并不能超绝世人，模仿古俗的并不能治理当今之世。贤卿还是不要出言反对吧！"

秦攻赵于长平

【题解】

本文选自《赵策三》。

秦国在长平之战中大败赵军，继而要求赵国割地求和，并派出奸细楼缓去诱骗赵国就范。赵臣虞卿深谋远虑地分析了敌我双方形势，极力劝说赵王不要上当，并指出割地求和，姑息妥协，只能自取灭亡，只有坚持斗争，团结抗秦，才有出路。于是，终于说服了赵王，拒绝割地。而楼缓在其阴谋被揭穿之后，也只得"逃之夭夭"了。

【原文】

秦攻赵于长平〔1〕，大破之，引兵而归。因使人索六城于赵而讲。赵计未定，楼缓新从秦来〔2〕。赵王与楼缓计之曰〔3〕："与秦城何如？不与何如？"楼缓辞让曰："此非臣所能知也。"王曰："虽然，试言公之私。"楼缓曰："王亦闻夫公甫文伯母乎？公甫文伯官于鲁〔4〕，病死。妇人为之自杀于房中者二八。其母闻之，不肯哭也。相室曰：'焉有子死而不哭者乎？'其母曰：'孔子，贤人也，逐于鲁，是人不随。今死，而妇人为死者十六人。若是者，其于长者薄，而于妇人厚？'故从母言之，之为贤母也；从妇言之，之必不免为妒妇也。故其言一也，言者异，则人心变矣。今臣新从秦来，而言勿与，则非计也；言与之，则恐王以臣之为秦也。故不敢对。使臣得为王计之，不如予之。"王曰："诺。"

【注释】

〔1〕长平：赵地。在今山西省高平县西北部。

〔2〕楼缓：赵人，当时为秦臣。

〔3〕赵王：孝成王，名丹。

〔4〕公甫文伯：鲁定公的大夫。

【译文】

秦国在长平攻破赵国，大败赵军，当秦将率兵归国后，就派使者向赵国要求割让六个城邑，作为和谈的条件。还没等赵国作最后决定，这时楼缓刚从秦国来到赵国，赵孝成王就和他商量说："贤卿认为是给好呢？还是不给好呢？"楼缓很谦虚地说："这不是臣所能知道的事。"赵孝成王说："不过还是请贤卿谈谈你的意见吧！"于是楼缓就说："我想君王一定知道公甫文伯母亲的事吧？公甫文伯在鲁国做官，当他病死以后，有两个妇女为他自杀。他母亲知道以后并没哭，这时有一个老女仆说：'世间哪有儿子死了不哭的道理呢？'他母亲说：'孔子是圣人，当他被鲁国放逐时，我的儿子并没一同去。现在他死了，有两个妇女为他而自杀，可见他对长者很薄，而对妇女却很厚。'作为一个母亲能说出这种话，就知道是一位贤母。不过这句话如果出之于妻子口中，必定被人误会是忌妒。由此可见，同样是一句话，由于说话人不同，听的人反应也不同。现在臣刚从秦国回来，如果臣说不给秦六城，就不能算是为君王献计；如果说给秦六城，又恐怕君王误会臣是亲秦，所以臣才不敢回答。假如君王一定要让臣来谋划，臣认为最好还是给秦城！"赵孝成王说："好的。"

【原文】

虞卿闻之[1]，入见王，王以楼缓之言告之。虞卿曰："此饰说也。"秦即解邯郸之围，而赵王入朝，使赵郝约事于秦，割六县而讲。王曰："何谓也？"虞卿曰："秦之攻赵也，倦而归乎？王以其力尚能进，爱王而不攻乎？"王曰："秦之攻我也，不遗余力矣，必以倦而归也。"虞卿曰："秦以其力攻其所不能取，倦而归。王又以其力之所不能攻以资之，是助秦自攻也。来年秦复攻王，王无以救矣。"

【注释】

〔1〕虞卿：赵臣，力主合纵抗秦。

【译文】

虞卿知道以后，就去晋见赵孝成王，孝成王把楼缓的话告诉他。虞卿说："这是一种诡辩。"（当时秦国已解除对邯郸的围攻，赵王又派赵郝到秦国结交，并以割大城去讲和）赵孝成王说："为什么呢？"虞卿说："君王认为，秦国攻打赵国，是由于疲惫而撤兵呢？还是秦兵能继续进攻，只为了保留君王的情面才不进攻吗？"赵孝成王说："秦兵攻我赵国，已经动用了全部兵力，必然是因为疲倦才撤兵的。"虞卿说："秦尽最大努力却一无所获，最后由于精疲力竭而撤兵。现在君王竟割让秦兵所不能攻下的六城，就等于是帮助秦兵攻打我赵国。假如明年秦兵再入侵，那君王可能就没了。"

【原文】

王又以虞卿之言告楼缓。楼缓曰："虞卿能尽知秦力之所至乎？诚知秦力之所不至，此弹丸之地，犹不予也，令秦来年复攻王，得无割其内而媾乎？"王曰："诚听子割矣，子能必来年秦之不复攻我乎？"楼缓对曰："此非臣之所敢任也。昔者三晋之交于秦，相善也，今秦释韩，魏而独攻王，王之所以事秦必不如韩，魏也。今臣为足下解负亲之攻，启关通敝，齐交韩、魏。至来年而王独不取于秦，王之所以事秦者，必在韩、魏之后也。此非臣之所敢任也。"

【译文】

赵孝成王把虞卿的话告诉楼缓。楼缓说："虞卿能够完全了解秦国的实力吗？假如他确实了解秦国实力的不足，那这弹丸之地也不肯给它。假如来年秦兵再攻打赵国，岂不是要割让更重要的城池求和吗？"赵孝成王说："寡人愿意采纳贤卿的意见，但是贤卿能否保证来年秦兵不攻打我赵国呢？"楼缓回答说："这我不能保证。以前三晋跟秦国交往，韩、赵、魏和秦的邦交都很好。如今秦舍弃韩、魏，只发兵攻打赵国，这就证明君王侍奉秦国，远不如韩、魏那样殷勤友善。现在臣为君王消除由于赵国疏远亲密关系而招来的秦祸，重新敞开关卡派出使者跟韩、魏修好。假如到来年只有赵国得不到秦国的谅解，那就证明君王的侍秦落在韩、魏之后，到那时就不是臣所敢保证的了！”

【原文】

王以楼缓之言告虞卿。虞卿曰：“楼缓言不媾，来年秦复攻王，得无更割其内而媾。今媾，楼缓又不能必秦之不复攻也，虽割何益？来年复攻，又割其力之所不能取而媾也，此自尽之术也。不如无媾。秦虽善攻，不能取六城；赵虽不能守，亦不至失六城。秦倦而归，兵必罢。我以五城收天下以攻罢秦，是我失之于天下，而取偿于秦也，吾国尚利，孰与坐而割地，自弱以强秦？今楼缓曰：‘秦善韩、魏而攻赵者，必以王之事秦不如韩、魏也。’是使王岁以六城事秦也，即坐而地尽矣。来年秦复求割地，王将予之乎？不与，则是弃前功而挑秦祸也；与之，则无地而给之。语曰：‘强者善攻，而弱者不能自守。’今坐而听秦，秦兵不敝而多得地，是强秦而弱赵也。以益愈强之秦，而割愈弱之赵，其计固不止矣。且秦虎狼之国也，无礼义之心。其求无已，而王之地有尽。以有尽之地，给无已之求，其势必无赵矣。故曰：此饰说也。王必勿与。”王曰：“诺。”

【译文】

赵孝成王把楼缓的话告诉虞卿。虞卿说：“楼缓说如果不讲和来年秦兵就会再攻赵，到那时君王还会割让更重要的城池给秦。现在如果跟秦讲和，楼缓又不能保证秦兵不再入侵，可见即使割城给秦也没用处。来年秦兵再入侵，又割城池来讲和，这就是赵国自取灭亡，所以不如根本不讲和。秦兵虽然英勇善战，可是却攻不下赵国的六城；赵军虽然不能镇守国土，然而也不至于一下子就失陷六城。秦国既然是由于力竭而撤兵，那现在的秦军必然都疲劳不堪。假如我赵国用五城收买天下诸侯，结盟来攻打疲秦，就等于是把

割让给天下诸侯的土地，再从秦国补偿回来，这对我赵国是很有利的，怎能拱手割地而长秦国志气灭自己威风呢？现在楼缓却说，秦所以不攻韩、魏而攻赵，必然是由于君王对秦不如韩、魏那样恭顺。这等于是要君王每年拿大城来侍秦，也就等于坐等让人瓜分。假如来年秦再要求土地，那还给不给呢？假如不给，就等于是前功尽弃，而且又会招来战祸；假如给恐怕赵国已无城可给。俗话说：‘强国之军英勇善战，弱国之兵不能自守。’现在假如任由秦国摆布，那就等于是让秦国平白获得六城，这就是强化秦国削弱赵国的愚蠢做法。增加愈来愈强大的秦国疆土，削减愈来愈衰弱的赵国领域，仍然无法满足秦的野心，秦国贪得无厌，不讲信义。秦国的欲望永无止境，而君王的土地却是非常有限。用有限的土地，去满足无穷的欲望，其结果必然是赵国灭亡。所以臣认为楼缓是巧辩，君王千万不能割城给秦！”赵孝成王说：“贤卿的话极有道理！”

【原文】

楼缓闻之，入见于王，王又以虞卿言告之。楼缓曰：“不然。虞卿得其一，未知其二也。夫秦、赵构难，而天下皆说，何也？曰：‘我将因强而乘弱。’今赵兵困于秦，天下之贺战者[1]，则必尽在于秦矣。故不若亟割地求和，以疑天下，慰秦心。不然，天下将因秦之怒，秦赵之敝而瓜分之。赵且亡，何秦之图？王以此断之，勿复计也。”

【注释】

〔1〕译文依鲍本“者”前补“胜”字。

【译文】

楼缓听到这话以后又晋见赵孝成王，孝成王就把虞卿的话告诉他。楼缓说：“事情并非如此，虞卿知其一不知其二，因为秦、赵之间兵连祸结，天下诸侯都抱幸灾乐祸的态度，这是为什么呢？他们要说：‘我们将靠着强大的夺取弱小的。’如今赵国困在秦国手里，所以赵国实在不如赶紧割地求和，借以扰乱天下诸侯与秦、赵之间的关系，进而缓和秦国侵略赵国的野心。否则天下诸侯将利用秦国的强大，乘赵国之疲惫而瓜分赵国土地。到那时赵国业已面临灭亡命运，还侈谈什么图谋秦国呢？希望君王以此为决断，而不必再另谋他策。”

【原文】

虞卿闻之，又入见王曰：“危矣，楼子之为秦也！夫赵兵困于秦，又割地为和，是愈疑天下，而何慰秦心哉？是不亦大示天下弱乎？且臣曰勿予者，非固勿予而已也。秦索六城于王，王以五城赂齐。齐，秦之深仇也，得王五城，并力而西击秦也，齐之听王，不待辞之毕也。是王失于齐而取偿于秦，一举结三国之亲，而与秦易道也。”赵王曰：“善！”因发虞卿东见齐王，与之谋秦。

虞卿未反，秦之使者已在赵矣。楼缓闻之，逃去。

【译文】

虞卿听到楼缓的话以后，又晋见赵孝成王说：“危险了，因为楼缓完全是为秦国着想。所谓赵国困在秦国手里，而且又割地向秦国屈膝求和，这更使天下诸侯怀疑我们守不住了，又怎能缓和秦国侵略赵国的野心呢？这不明显地向天下诸侯暴露赵国的弱点吗？况且臣所以主张不给土地，并不是根本不拿出土地。秦国向我赵国索取六城，君王可以用五城贿赂齐国。齐、秦有深仇，齐国得到君王的五城以后，就会跟我起军合力西攻秦国，听从君王号令。这就等于是丧失在齐国的土地，能在秦国那儿获得补偿，此一举可以连结韩、魏、齐三国的亲密关系，结果会使秦、赵的局面完全调换过来。”赵孝成王说：“贤卿的分析极高明！”因而就派虞卿东去齐国游说齐王建，与齐王商量攻打秦国。

还没等虞卿从齐国回来，秦国使节已经来到赵国，这时楼缓就马上闻风而逃。

秦围赵之邯郸

【题解】

本文选自《赵策三》。

公元前260年，秦国攻打赵国长平，大破赵军。又出兵围困赵都邯郸，前后达三年之久。期间，赵国求救于友邦魏国，魏王从道义上不得不派援军，但因惧怕秦国，其援军却在距邯郸百里之外的荡阴徘徊不前，并派出说客辛垣衍去劝说赵国“尊秦为帝”。这时鲁仲连正在赵国，他不顾个人安危，挺身而出，反对投降，主张抗秦，和辛垣衍展开面对面的说理斗争。他剖析了侵略者的本性，用大量无可辩驳的历史事实论证“帝秦”的危害，终于降服了以辛垣衍为代表的投降主义路线，坚定了赵国坚持抗秦的信心。后来在魏、楚援军支援下，秦国被迫退兵，鲁仲连也谢绝了赵国的答谢而引身离去。

【原文】

秦围赵之邯郸[1]。魏安厘王使将军晋鄙救赵[2]。畏秦，止于荡阴[3]。不进。魏王使客将军新垣衍[4]；间入邯郸，因平原君谓赵王曰[5]：“秦所以急围赵者，前与齐湣王争强为帝，已而复归帝，以齐故。今齐湣王已益弱。方今唯秦雄天下，此非必贪邯郸，其意欲求为帝。赵诚发使尊秦昭王为帝，秦心喜，罢兵去。”平原君犹豫未有所决。

【注释】

〔1〕邯郸：赵国都城，在今河北省邯郸市。

〔2〕魏安厘王：昭王之子，名圉。晋鄙：魏将。

〔3〕荡阴：在今河南省汤阴县。

〔4〕译文依鲍本“新”作“辛”。辛垣衍：复姓辛垣，名衍。

〔5〕平原君：孝成王之叔，封平原君，战国四君子之一。时为赵相国。赵王：孝成王。

【译文】

秦国围攻赵都邯郸，魏王派将军晋鄙救赵。可是晋鄙很害怕秦兵，不

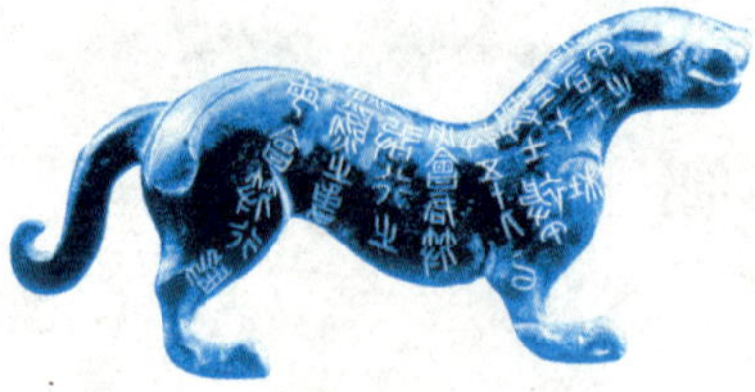

杜虎符　战国时秦国兵符，长9.5厘米，高4.4厘米。1973年出土于陕西省西安市北沉村。现藏陕西历史博物馆。

敢前进，就驻扎在荡阴。魏王又派客将辛垣衍秘密去邯郸城，通过平原君赵胜对赵孝成王说："秦兵之所以急发兵围攻贵国邯郸，是因为秦以前和齐王争相逞威称帝，可是不久又把帝号取消。就因为齐国不称帝，所以秦国也取消了帝号，如今齐国已经愈发衰弱，只有秦国争霸天下，可见秦国并不一定是为了贪图邯郸之地，其真正用意是想要称帝。因而只要赵国能派遣专使，尊秦王为帝，那秦王必然很高兴，这样秦兵就会自解邯郸之围。"平原君一直犹豫不决。

【原文】

此时鲁仲连适游赵，会秦围赵。闻魏将欲令赵尊秦为帝，乃见平原君曰："事将奈何矣？"平原君曰："胜也何敢言事？百万之众折于外，今又内围邯郸而不能去。魏王使客将军辛垣衍令赵帝秦，今其人在是，胜也何敢言事？"鲁仲连曰："始吾以君为天下之贤公子也，吾乃今然后知君非天下之贤公子也。梁客辛垣衍安在？吾请为君责而归之。"平原君曰："胜请为召而见之于先生。"平原君遂见辛垣衍曰："东国有鲁仲连先生[1]，其人在此，胜请为绍介而见之于将军。"辛垣衍曰："吾闻鲁仲连先生，齐国之高士也。衍，人臣也，使事有职。吾不愿见鲁仲连先生也。"平原君曰："胜已泄之矣。"辛垣衍许诺。

鲁仲连见辛垣衍而无言。辛垣衍曰："吾视居北围城之中者[2]，皆有求于平原君者也。今吾视先生之玉貌，非有求于平原君者，曷为久居此围城之中而不去也？"

【注释】

〔1〕东国：指齐国。

〔2〕译文依鲍本"北"作"此"字。

【译文】

这时鲁仲连刚好在赵国，正碰上秦兵围攻赵都邯郸，他听说魏国准备叫赵王尊秦王为帝，就去见平原君说："战事怎么样了？"平原君说："我现在还敢谈战事？赵国的百万大军战败于外，如今国都邯郸又被秦兵包围而不能击退。魏王派将军辛垣衍劝赵王尊秦王为帝，现在辛将军就在邯郸，我还敢说什么？"鲁仲连说："我当初以为阁下是天下的贤公子，到现在我才知道阁下徒有虚名。魏将军辛垣衍在哪里？我可以替阁下责令让他回去。"平原君说："那么我把辛将军请来和先生见面。"于是平原君就去见辛垣衍说："东方的齐国有一位鲁仲连先生，此人就在这里，我想介绍将军和他见面。"辛垣衍说："我早就知道鲁仲连先生是齐国的高士，而我辛垣衍只不过是一个使臣，所以我不愿见鲁仲连先生。"平原君说："可是我已经答应他介绍将军见面。"这样辛垣衍才算答应和鲁仲连见面。

鲁仲连

鲁仲连见到辛垣衍竟一言不发，辛垣衍说："我想凡是住在被围困的邯郸城中的人，都是有求于平原君而来。但是我看先生的相貌，好像并非有求于平原君，真不知道先生为什么在城内久住不走？"

【原文】

鲁仲连曰："世以鲍焦无从容而死者[1]，皆非也。今众人不知，则为一身。彼秦者[2]，弃礼义而上首功之国也。权使其士，虏使其民。彼则肆然而为帝，过而遂正于天下，则连有赴东海而死矣。吾不忍为之民也！所为见将军者，欲以助赵也。"辛垣衍曰："先生助之奈何？"鲁仲连曰："吾将使梁及燕助之。齐、楚则固助之矣。"辛垣衍曰："燕则吾请以从矣。若乃梁，则吾乃梁人也，先生恶能使梁助之耶？"鲁仲连曰："梁未睹秦称帝之害故也，使梁睹秦称帝之害，则必助赵矣。"辛垣衍曰："秦称帝之害将奈何？"鲁仲连曰："昔齐威王尝为仁义矣[3]，率天下诸侯而朝周。周贫且微，诸侯莫朝，而齐独朝之。居岁余，周烈王崩[4]，诸侯皆吊，齐后往。周怒，赴于齐曰：'天崩地坼，天子下席。东藩之臣田婴齐后至，则斮之！’威王勃然怒曰：‘叱嗟，而母婢也。’卒为天下笑。故生则朝周，死则叱之，诚不忍其求也。彼天子固然，其无足怪。”辛垣衍曰：“先生独未见夫仆乎？十人而从一人者，宁力不胜，智不若耶？畏之也。”鲁仲连曰：“然梁之比于秦若仆耶？”辛垣衍曰：“然。”鲁仲连曰：“然吾将使秦王烹醢梁王。”辛垣衍怏然不悦曰：“嘻！亦太甚矣，先生之言也！先生又恶能使秦王烹醢梁王？”

【注释】

〔1〕鲍焦：当时隐士。《庄子》：“鲍焦饰行非世，抱木而死。”

〔2〕译文依鲍本无“者”字。

〔3〕齐威王：名婴齐，宣王之父。

〔4〕周烈王：名喜。

【译文】

鲁仲连说：“世人都认为鲍焦没有任何作为就死去了，这都是错误的想法。如今一些人太不聪明，认为鲍焦只是为自己。再说那秦国是一个背弃礼义，只知道崇尚战功，用权术操纵士大夫，把百姓当奴隶一般使用的国家。秦王假如肆无忌惮地称帝，就会以暴虐统治天下，那么我鲁仲连宁愿投东海而死，也不做秦国的顺民，所以才来会见将军，目的是想借此机会帮助赵国。”辛垣衍说：“请问先生打算怎样帮助赵国呢？”鲁仲连说：“我准备策动梁、燕两国帮助赵国，而齐、楚两国本来已经帮助他们了。”辛垣衍说：“燕国吗，我相信它会听从您的；至于梁国，我可是梁国人，不知道先生要如何使梁国帮助赵国？”鲁仲连说：“这是因为梁国还没有看见秦国称帝的害处，假如梁能明了秦国称帝之害，就必然发兵救赵。”辛垣衍说：“秦王称帝的害处在哪里呢？”鲁仲连说：“以前齐威王曾行仁义之政，他率领天下诸侯去朝拜周天子。当时的周朝既穷又弱，天下诸侯都不肯朝贡，只有齐国肯称臣朝拜。过了一年多，周威烈王驾崩，诸侯都去吊丧，可是齐国却最后才到。周显王大怒，就派使警告齐王说：‘天子驾崩，新即位的天子服丧，而田婴竟最后才到，依法当处斩刑。’齐威王听了这话勃然大

怒道：'叱！你只不过是一个贱婢所生的奴才！'后来被天下诸侯所耻笑。周天子在时去朝拜他，死后又如此来咒骂他，实在是由于无法接受周朝的苛求。至于说天子倒应该有点威风，这也没有什么值得奇怪的。"辛垣衍说："先生难道没有见过那些仆人吗？十个人服侍一个人，并不是因为力量和智慧不如主人，而是由于害怕主人。"鲁仲连说："那么梁国和秦国的关系，就如同仆人和主人的关系吗？"辛垣衍说："是的。"鲁仲连说："既然这样，我将要让秦王烹杀梁王，把梁王剁成肉酱！"辛垣衍很不高兴地说："唉！先生的话也未免太过分了，先生又怎能叫秦王烹杀梁王呢？"

【原文】

鲁仲连曰："固也，待吾言之。昔者，鬼侯[1]、鄂侯[2]、文王[3]，纣之三公也。鬼侯有子而好，故入之于纣，纣以为恶，醢鬼侯。鄂侯争之急，辩之疾，故脯鄂侯。文王闻之，喟然而叹，故拘之于牖里之车[4]，百日而欲令之死。曷为与人俱称帝王，卒就脯醢之地也？齐闵王将之鲁[5]，夷维子执策而从[6]，谓鲁人曰：'子将何以待吾君？'鲁人曰：'吾将以十太牢待子之君。'维子曰：'子安取礼而来待吾君？彼吾君者，天子也。天子巡狩，诸侯辟舍，纳筦键，摄衽抱几，视膳于堂下，天子已食，退而听朝也。'鲁人投其籥，不果纳。不得入于鲁，将之薛，假涂于邹。当是时，邹君死，闵王欲入吊。夷维子谓邹之孤曰：'天子吊，主人必将倍殡柩，设北面于南方，然后天子南面吊也。'邹之群臣曰：'必若此，吾将伏剑而死。'故不敢入于邹。邹、鲁之臣，生则不得事养，死则不得饭含。然且欲行天子之礼于邹，鲁之臣，不果纳。今秦万乘之国，梁亦万乘之国。俱据万乘之国，交有称王之名，睹其一战而胜，欲从而帝之，是使三晋之大臣不如邹、鲁之仆妾也。且秦无已而帝，则且变易诸侯之大臣。彼将夺其所谓不肖，而予其所谓贤；夺其所憎，而与其所爱。彼又将使其子女谗妾为诸侯妃姬，处梁之宫，梁王安得晏然而已乎？而将军又何以得故宠乎？"

【注释】

〔1〕鬼侯：封地在今河北省临漳县。

〔2〕鄂侯：封地在今山西省宁乡县。

〔3〕文王：周文王封地在今陕西省彬县一带。

〔4〕牖里：一作“羑里”。在今河南省汤阴县北。译文依鲍本“车”作“库”。

〔5〕齐闵王：齐湣王。

〔6〕夷维子：齐人，夷维，在今山东省潍县，以邑为姓。

【译文】

梁伯戈　春秋前期兵器，通高17.5厘米，宽9.4厘米，重0.28千克。

鲁仲连说：“我自然可以这样做，请将军听我解释。古时鬼侯、鄂侯、文王，是殷纣的三个诸侯。鬼侯有个女儿长得很漂亮，于是就献给纣王纳入后宫，可是纣王讨厌她不够妩媚，结果纣王就把鬼侯烹杀剁成肉酱。鄂侯为向纣王进言直谏，结果纣王又把鄂侯杀死晒成肉干。文王听到这两件惨事以后，不由得长叹一声，结果竟被纣王囚禁在牖里的仓库里，准备一百天后再把他处死。为什么和人家同称帝王，结果反倒被杀死晒成肉干剁成肉酱呢？齐湣王要去鲁国时，夷维子拿着马鞭子随侍在后，他对鲁国人说：‘你们要如何接待我们国君呢？’鲁国人说：‘我们准备用猪、牛、羊各十只来款待你们的国君。’夷维子说：‘你们怎么能用这种礼节来接待我们国君呢？我们国君乃是天子，天子到全国各地巡视时，诸侯都要让出宫殿住在外面，交出钥匙，撩起衣襟，端着几案在堂下侍候天子进餐，天子吃完后诸侯才能退下。’鲁国人听了这话以后，就把城门锁上，不让齐湣王入境，以致使齐国君臣都不能进入鲁国。又要到薛国去的时候，想从邹国借路通过，正好碰上邹君死了，齐湣王要去吊丧，夷维子对邹君的遗孤说：‘天子来吊丧，丧主必须把灵柩从北面移向南面，然后请天子面朝南吊唁。’邹国的群臣说：‘假如齐国一定叫我们这样做，那我们宁可自杀。’因此齐湣王君臣也不敢进入邹国。邹、鲁两国的臣子，当君主在世时没能力更好地奉养，君主死了以后，也没有预备‘饭含’的能力，但是要叫他们朝拜天子之礼，他们仍然不肯让齐湣王进入自己的国家。如今秦国是拥有一万辆兵车的大国，而梁国也是一个万乘之邦，既然都是万乘之邦，而且都互相称帝称王，但是看见秦国一战而胜，就一起尊秦王为帝，这是使三晋重臣连邹、鲁的奴隶都不如。再说秦王不达到称帝的目的决不罢休，到那时他必调换诸侯的大臣：废除他所谓的奸臣，把官爵给他的亲信；剥夺他所憎恨的人的官职，然后任命他所喜欢的人为新官。同时他又要叫他的女儿作诸侯的妃子住在梁宫里，梁王又怎能平安无事，而将军又怎能保全崇高职位呢？”

【原文】

于是，辛垣衍起，再拜谢曰：“始以先生为庸人，吾乃今日而知先生为天下之士也。吾请去，不敢复言帝秦。”

【译文】

辛垣衍听完鲁仲连这番话后，立刻肃然起敬再拜谢罪说：“我起初以为鲁先生是一个平凡的人，现在我才知道先生是天下的通达之士。我现在想回梁国，再也不敢谈论尊秦王为帝之事啦！”

【原文】

秦将闻之，为却军五十里。适会魏公子无忌夺晋鄙军以救赵击秦〔1〕，秦军引而去。于是平原君欲封鲁仲连。鲁仲连辞让者三，终不肯受。平原君乃置酒，酒酣，起前以千金为鲁仲连寿。鲁仲连笑曰：“所贵于天下之士者，为人排患，释难，解纷乱而无所取也。即有所取者，是商贾之人也，仲连不忍为也。”遂辞平原君而去，终身不复见。

【注释】

〔1〕魏公子无忌：信陵君，阳王之少子，安厘王异母弟。战国四君子之一。

【译文】

秦将军听到这个消息后，立刻率军后退五十里。这时正好碰上信陵君魏公子无忌杀死晋鄙夺下兵权救赵攻秦，秦将只好率兵回国。事后平原君想封赏鲁仲连，可是鲁仲连却再三辞谢，始终不肯接受。不得已平原君就摆设酒宴，当喝到半醉时，平原君起立以千金为鲁仲连祝酒。然而鲁仲连只是笑一笑说：“一个受天下崇拜的贤士，就应为人排难解忧而不收取报酬。假如收取报酬，那是商人的勾当，我鲁仲连不会做这种事。”鲁仲连说完这话，就辞谢平原君而去，从此终身不再来见平原君。

赵太后新用事

【题解】

本文选自《赵策四》。

这是一篇历来为人们喜读乐诵的名作，它通过触龙巧妙地说服赵太后送幼子到齐国做人质以换取救兵，解救国家危难的故事，说明了一个值得深思的问题：做父母的怎样才是真正爱护子女？是让他们依靠父母的地位养尊处优，不劳而获呢？还是让他们经受锻炼，为国家出力以继承先辈的事业？显然应该是后者。

【原文】

赵太后新用事，秦急攻之。赵氏求救于齐，齐曰：“必以长安君为质，兵乃出。”太后不肯，大臣强谏，太后明谓左右：“有复言令长安君为质者，老妇必唾其面！”

左师触龙言愿见太后，太后盛气而揖之，入而徐趋，至而自谢，曰：“老臣病足，曾不能疾走，不得见久矣。窃自恕，而恐太后玉体之有所郄也，故愿望见太后。”太后曰：“老妇恃辇而行。”曰：“日食饮得无衰乎？”曰：“恃鬻耳。”曰：“老臣今者殊不欲食，乃自强步，日三四里，少益耆食，和于身也。”太后曰：“老妇不能。”太后之色少解。

【译文】

赵太后刚执政，秦国就加紧进攻赵国。赵国向齐国请求救兵。齐国提出条件说：“必须拿长安君做人质，才派出援兵。”赵太后不肯，大臣们一再劝说。太后明确地告诉她的左右侍臣说：“有谁再说让长安君去做人质的，我一定吐他一脸唾沫。”

左师触龙声言要拜见太后，太后怒气冲冲地等着他。他走进门，很吃力地快走几步，到了太后跟前，

首先自我请罪，说："我的脚有毛病，竟然不能快走，很久没有来拜见您了，我自己原谅自己，又惦记着太后贵体是不是有什么不适，所以想要来看望太后。"太后说："我只能依靠车子走动走动。"左师公问："您每天饮食还没减少吧？"太后回答说："只能吃点稀粥罢了。"左师公说："我最近特别不想吃东西，自己就勉强地散散步，每天走上三四里，渐渐地便想吃点东西了，这对身体是有好处的。"太后说："我可不行。"这时太后的脸色变得和气了些。

【原文】

左师公曰："老臣贱息舒祺[1]，最少，不肖。而臣衰，窃爱怜之，愿令得补黑衣之数[2]，以卫王宫，没死以闻。"太后曰："敬诺。年几何矣？"对曰："十五岁矣。虽少，愿及未填沟壑而托之。"太后曰："丈夫亦爱怜其少子乎？"对曰："甚于妇人。"太后笑曰："妇人异甚！"对曰："老臣窃以为媪之爱燕后，贤于长安君。"曰："君过矣！不若长安君之甚。"左师公曰："父母之爱子，则为之计深远。媪之送燕后也，持其踵为之泣[3]，念悲其远也，亦哀之矣！已行，非弗思也，祭祀必祝之，祝曰：'必勿使反。'岂非计久长有子孙相继为王也哉？"太后曰："然。"

【注释】

〔1〕贱息：谦称自己的儿子。息，子。

〔2〕黑衣：原指王宫卫士穿的黑色衣服，此处代指卫士。

〔3〕踵：脚后跟。

【译文】

左师公说："我的小儿子舒祺，没有出息。可我老了，偏偏又很疼爱他。希望能在宫廷卫士中凑个数，来守卫王宫，因此我冒着死罪来报告您。"太后说："没问题。他几岁了？"左师公说："十五岁了。虽然岁数还小，总希望趁我还没入土之前，让他也有个着落。"太后说："男人也疼爱他的小儿子吗？"回答说："比妇女们还厉害。"太后笑了起来，说："妇女们才特别厉害呢。"回答说："我内心认为老夫人疼爱燕后胜过疼爱长安君。"太后说："你错了，可不像疼爱长安君那么厉害。"

左师公说："做父母的疼爱儿女，就得为他们考虑周到，长远。老夫人送燕后出嫁的时候，手把着燕后坐车后面的横木，为她掉泪，想到她远远地离开了您，内心也为她感到悲痛呀！她已经走了，并不是就不想念了，祭祀时总要为她祷告说：'千万千万别让人家遗弃她把她送回来呀！'这难道不是考虑得很长远，保佑燕后的子孙世世代代能继承王位吗？"太后说："正是这样。"

【原文】

左师公曰："今三世以前，至于赵之为赵，赵主之子孙侯者，其继有在者乎？"曰："无有。"曰："微独赵，诸侯有在者乎？"曰："老妇不闻也。""此其近者祸及身，远者及其子孙。岂人主之子孙则必不善乎？位尊而无功，奉厚而无劳，而挟重器多也。今媪尊长安君之位，而封之以膏腴之地，多予之重器，而不及今令有功于国。一旦山陵崩[1]，长安君何以自托于赵？老臣以媪为长安君计短也，故以为其爱不若燕后。"太后曰："诺！恣君之所使之[2]。"于是为长安君约车百乘质于齐。齐兵乃出。

【注释】

〔1〕山陵崩：比喻地位高的人逝世，像山陵崩倒一样。
〔2〕恣：任凭，听随。

【译文】

左师公问："从现在往前数三代，一直到赵烈侯时代，赵国每一代国君的子孙，凡受封为侯而他们的后代继承为侯的，现在还有吗？"太后说："没有了。"左师公又问："不光是赵国，其他诸侯的子孙继承为侯的还有在的吗？"回答说："我也没有听说过还有。"左师公说："这样看来，从近里看，赵武灵王长子章因争位被杀，自己要受害；从远里看，成侯之子与太子语争位，败逃韩国，子孙要受害。难道人君的子孙封侯，就一定都不好吗？这是由于他们地位显贵而没有功勋，俸禄优厚却没有劳绩，又拥有大量的贵重宝物。现在老夫人为了使长安君地位显贵，就封给他肥美的土地，并给他很多珍贵的宝物，这样倒不如现在就让他为国家多建立功勋；不然，一旦老夫人不幸去世，长安君又如何能继续立足于赵国呢？我认为老夫人为长安君考虑得太短浅了，所以我才说老夫人疼爱长安君不如疼爱燕后。”太后说：“行。那就任凭你安排吧！”于是就为长安君准备好一百辆兵车，送到齐国去做人质，齐国援兵这才出动。

【原文】

子义闻之，曰：“人主之子也，骨肉之亲也，犹不能恃无功之尊，无劳之奉，而守金玉之重也，况人臣乎？”

【译文】

子义听到这件事，说：“国君的儿子是骨肉之亲，如果他对国家没有功勋，尚且不能让他处于显贵地位，没有劳绩也不能让他得到优厚俸禄，并拥有大量金玉财宝，更何况做人臣的呢！”

魏武侯与诸大夫浮于西河

【题解】

本文选自《魏策一》。

文章通过著名军事家吴起的一段论述，说明国家的安全和富强单靠河山之险是不行的。富国强兵的关键在于国内的政治修明。否则，虽有险阻的地形，也难逃脱灭亡的命运。这种“在德不在险”的观点，是具有进步意义的。

【原文】

魏武侯与诸大夫浮于西河[1]，称曰：“河山之险，岂不亦信固哉！”王钟侍王，曰：“此晋国之所以强也。若善修之，则霸王之业具矣。”吴起对曰：“吾君之言，危国之道也；而子又附之，是危也。”武侯忿然曰：“子之言有说乎？”

吴起对曰："河山之险，信不足保也；是伯王之业，不从此也。昔者，三苗之居，左彭蠡之波[2]，右有洞庭之水，文山在其南，而衡山在其北[3]。恃此险也，为政不善，而禹放逐之。夫夏桀之国，左天门之阴，而右天溪之阳[4]，庐、睪在其北[5]，伊、洛出其南[6]。有此险也，然为政不善，而汤伐之。殷纣之国，左孟门而右漳[7]、釜[8]，前带河，后被山。有此险也，然为政不善，而武王伐之。且君亲从臣而胜降城，城非不高也，人民非不众也，然而可得并者，政恶故也。从是观之，地形险阻，奚足以霸王矣！"

武侯曰："善。吾乃今日闻圣人之言也！西河之政，专委之子矣。"

【注释】

〔1〕魏武侯：魏文侯之子，名击。

〔2〕彭蠡：鄱阳湖，在江西南昌东北部，湖分东西，东广而西狭。

〔3〕文山在其南，而衡山在其北：《韩诗外传》："当舜之时，有苗不服，其不服者，衡山在南，岐山在北，右洞庭之陂，左彭泽之水。"据此，文山应是岐山，南北二字错倒。岐山在今陕西省岐山县东北部，衡山在今湖南省衡山县西北部。

〔4〕天溪：当时的黄河、济河。

〔5〕庐、睪：地名，今不详。

〔6〕伊、洛：伊水、洛水。

〔7〕孟门：古隘名，在今河南省辉县西。

〔8〕漳、釜：漳水、滏水。

【译文】

魏武侯和诸位大夫坐船在西河上游荡，武侯赞叹说："山河如此险要，边防难道不是很坚固吗！"王钟在武侯身旁说："这就是晋国之所以强盛的原因，假如能再修明政治，必然能建立霸王之业！"吴起回答说："君王的话是危国之言，而阁下又从旁附和，可真是太危险了。"魏武侯很愤怒地说："你这话有什么根据吗？"

吴起回答说："光是山河的险要，实际并不能保护国家，建立霸业并不靠这些。古时三苗所居住的地方，左边有鄱阳湖水，右边有洞庭湖水，而岐山在北，衡山在南，他们虽然仗恃这些险要，可是由于施政不善，终于被大禹王放逐。还有夏桀的国家，左边靠着天门，右边靠着天溪，庐、罩二山在北，伊、洛两水在南，虽然有这些天险，然而由于国家没治理好结果就被商汤灭亡了。再说殷纣王的国家，左有太行山，右有漳、釜两水，前临黄河，后靠高峰，虽然有这些险阻，然而由于没有治理好国家，终于被周武王消灭。况且君王亲自率领臣民战胜降服的城，那些城的城墙并不算不高，臣民也不算不多，然而所以能被君王征服，是由于他们施行恶政的缘故。由此观之，地形地势的险要，又怎能用来建立霸业呢！”

吴 起

魏武侯说：“有道理，寡人到今天算听到圣人的明教，因此寡人把西河的政务都托付给贤卿吧！”

苏秦为赵合纵说魏王[1]

【题解】

本文选自《魏策一》。

战国时代，是中国最乱、最动荡的时代之一，同时也是知识分子的黄金时代，是古代统治者内部最民主的时代。当时社会的巨大变革和各国间激烈的竞争使得知识分子变得十分重要，他们在政治、经济、军事、思想、科技等领域扮演着令人仰慕的角色，他们这些无寸土之封、无方寸之权的布衣之士第一次实现了人生价值，站在了历史舞台的中心位置。他们奔走于各国之间，运用自己的智谋到处游说，啸傲王权，是时代真正的宠儿。作为说客，不仅要善于诡辩、雄辩，更要时时运用自己聪明的头脑抓住对方的心理。苏秦、张仪就是其中的佼佼者。本篇及下篇我们可以通过对比，来体会他们的聪明与智慧。

【原文】

苏子为赵合纵，说魏王曰：“大王之地，南有鸿沟、陈、汝南、许、鄢、昆阳、邵陵、舞阳、新郪[2]；东有淮、颍、沂、黄、煮枣、海盐、无疏[3]；西有长城之界[4]；北有河外、卷、衍、燕、酸枣[5]，地方千里。地名虽小，然而庐田庑舍，曾无所刍牧牛马之地[6]。人民之众，车马之多，日夜行不休已，无以异于三军之众。

臣窃料之，大王之国不下于楚。然横人谋王，外交强虎狼之秦以侵天下，卒有国患，不被其祸。夫挟强秦之势，以内劫其主，罪无过此者。且魏天下之强国也，大王天下之贤主也，今乃有意西面而事秦，称东藩，筑帝宫[7]，受冠带[8]，祠春秋[9]，臣窃为大王愧之。”

【注释】

〔1〕苏秦用勾践和武王的故事说服魏王与赵等联合攻秦，事又见《史记·苏秦列传》。缪文远以此章不合史实，定为策士拟托。

〔2〕鸿沟：今河南中牟至商水的贾鲁河。原为魏惠王时开凿的运河。陈：址今河南淮阳。汝南：址今河南汝水中游以南地区。鄢：鄢陵，址今河南鄢陵西南。昆阳：址今河南叶县北部。邵陵：召陵，址今河南郾城县东。舞阳：址今河南舞阳县西部。新郪：址在今河南南部、安徽北部。

〔3〕淮：淮水。颍：今颍水。沂：沂水。黄：黄池，址今河南封丘县南部。一说为外黄。煮枣：址今山东菏泽西南部。海盐：鲍本、《史记》均无，疑为衍文。无疏：《史记》作无胥，疑即位于今河南滑县西南的古黄河决口宿胥口。

〔4〕长城：战国魏长城。

〔5〕河外：指黄河以南的魏地。卷：址今河南原阳县西北。

〔6〕所：可以。

〔7〕筑帝宫：为秦帝筑行宫。

〔8〕受冠带：接受秦国的命服。

〔9〕祠春秋：为秦助祭。

【译文】

苏秦为赵国组织合纵阵线，他游说魏王说：“大王您的疆土，南方有鸿沟、陈、汝南、许、鄢、昆阳、邵陵、舞阳、新郪这些地方；东边有淮、颍、沂、黄、煮枣、海盐、无疏等地；西面以长城为界；北方有河外、卷、衍、燕、酸枣等地，方圆上千里。这些地方虽然不太著名，可是到处都是良田农舍，甚至连可用来放牧牲畜的空地都没有。人口稠密，车马众多，白天黑夜行人来往，没有休止的时候，与大部队通过没有什么两样。我私下里掂量，大王您的国家并不比楚国差。可是那些主张连横的人给大王出主意，让魏国和强大但包藏虎狼之心的秦国结盟去侵略他国，一旦有了对国家不利的事，这些人却不会受到损害(不肯为国家分忧)。这些人借助秦国的势力挟持自己的国君，没有比这个更严重的罪行了。况且魏国是诸侯国中的强国，大王您是各国诸侯中的明君贤主，可是如今却有意向西朝拜侍奉秦国，自居为秦国东边的臣属之国，为秦王修筑行宫，接受秦国的命服，为秦国助祭，我私下里也为大王感到羞愧不安。”

【原文】

“臣闻越王勾践以散卒三千禽夫差于干遂；武王卒三千人，革车三百乘，斩纣于牧之野〔1〕。岂其士卒众哉？诚能振其威也。今窃闻大王之卒：武力二十余万〔2〕，苍头二十万〔3〕，奋击二十万，厮徒十万〔4〕，车六百乘，骑五千匹，此其过越王勾践、武王远矣！今乃劫于群臣之说〔5〕，而欲臣事秦。夫事秦必割地效质，故兵未用而国已亏矣。凡群臣之言事秦者，皆奸臣，非忠臣也！夫为人臣，割其主之地以求外交；偷取一旦之功而不顾其后；破公家而成私门；外挟强秦之势而内劫其主，以求割地，愿大王之熟察之也。《周书》曰：‘绵绵不绝〔6〕，缦缦奈何〔7〕？毫毛不拔，将成斧柯。’〔8〕前虑不定，后有大患，将奈之何？大王诚能听臣，六国从亲，专心并力，则必无强秦之患。故敝邑赵王，使使臣献愚计，奉明约，在大王诏之。”魏王曰：“寡人不肖，未尝得闻明教。今主君以赵王之诏诏之〔9〕，敬以国从。”

【注释】

〔1〕牧之野：牧野。址在今河南淇县西南，武王败商于此。

〔2〕武力：《史记》作武士，亦即武卒。

〔3〕苍头：以皂青头帕裹头的士卒。二十万：原作“二千万”，据鲍本改。

〔4〕厮徒：指军中杂役。

〔5〕群臣：原作“辟臣”，据金正炜说改。

〔6〕绵：薄弱。

〔7〕缦：同“蔓”，延续。

〔8〕见《逸周书·和寤》。

〔9〕主君：魏王对苏秦的敬称。

【译文】

周武王

"我听说越王勾践用三千名残卒擒杀吴王夫差于干遂；周武王只有士兵三千人，战车三百乘，却能在牧野击败商纣。这难道是因为他们的士兵众多吗？实在是因为能够振奋起士卒的战斗力呀！我私下里了解到大王的军队拥有武士二十万人，苍头二十万人，奋击二十万人，军中杂役也有十万人之多，有兵车六百辆，战马五千匹，这个数字超过越王勾践和周武王他们太多了！可现在却迫于大臣们的邪说，想要以臣子之礼侍奉秦国。大凡侍奉秦国必须首先割让土地，派出人质，这样一来，虽然没有交战，国家却已有了损失。大臣中凡是主张侍奉秦国的，都是奸臣，而不是忠臣。作为臣子，主张割让君主的疆土去求得外国的欢心；谋取暂时的效益而不顾严重的后患；损失国家利益成全个人名利；借重秦国的威势挟持自己的君主，以使割地予秦，希望大王能仔细考虑这一切呀！《周书》上说：'野草之蔓虽然孱弱，但仍然不屈地生长，你能把它怎样？刚刚露出地面的小树，如果不拔掉它，很快就能长成做斧柄的材料。'您如果事前不考虑周全，等后来有了祸患，那又怎么办呢？大王您如果确实能听从我的建议，六国建立合纵联盟，一心一意共同对付秦国，肯定就不再有秦国这个祸患了。所以敝国的赵王，派我作为使者向大王贡献并非高明的计谋，并进呈已拟定的明确的（合纵）盟约，现在全听大王您的决断了。"魏王说："我确实没有出息，还从来没有领教过如此高明的教诲。如今您奉赵王的旨意前来开导我，我谨以魏国参与合纵联盟。"

张仪为秦连横说魏王〔1〕

【题解】

本文选自《魏策一》。

【原文】

张仪为秦连横。说魏王曰："魏地方不至千里，卒不过三十万人。地四平，诸侯四通，条达辐凑[2]，无有名山大川之阻。从郑至梁，不过百里，从陈至梁二百余里，马驰人趋，不待倦而至。梁，南与楚境，西与韩境，北与赵境，东与齐境。卒戍四方，守亭障者参列[3]，粟粮漕庾不下十万[4]。魏之地势，故战场也。魏南与楚而不与齐，则齐攻其东；东与齐而不与赵，则赵攻其北；不合于韩，则韩攻其西，不亲于楚，则楚攻其南。此所谓四分五裂之道也。且夫诸侯之为从者，以安社稷、尊主、强兵、显名也。合从者，一天下约为兄弟，刑白马以盟于洹水之上，以相坚也。夫亲昆弟，同父母，尚有争钱财，而欲恃诈伪反覆苏秦之余谋，其不可以成亦明矣！”

【注释】

〔1〕张仪游说魏王，说服魏王与秦连横。又见《史记·张仪列传》。缪文远认为与史实不符，当系策士拟托。

〔2〕条达：如同树枝向四方伸展。条，树枝。

〔3〕参列：排列。

〔4〕庾：露天堆积谷物。这里指漕运粮食的仓库。

【译文】

张仪为秦国奔走连横。他游说魏王道：“魏国的疆土方圆不到千里，士兵不满三十万人。土地平坦，四周与各国相通，道路四通八达，没有高山大河作为天然屏障。从郑到梁超不过一百里，从陈到梁也只有二百余里路，不管是骑马还是步行，很容易就能到达。魏国，南邻楚国，西接韩境，北有赵国，东与齐国接壤。士兵们在四方戍守，依托亭障壁垒戍守的人就像排成的队列一样，每年靠水路运输的军粮就不下十万石。魏国的这种地势，使得它自古以来一直是兵家争战之地。魏国如与南边的楚国而不是和齐国结盟的话，齐国就会进攻它的东部；如果与东方的齐国而不是与赵国结盟的话，赵国就会从北方攻

击它；不与韩国交好，韩国会在西边进攻；不和楚国亲近，楚国就会攻其南边。这正是人们常说的处于四分五裂的地方呀。何况各国之所以要组织合纵，是为了安定国家，尊崇君主，增强兵力，显扬威名而已。所谓合纵，就是把各诸侯国都结成兄弟之国，杀白马在洹水岸边结盟以巩固联合。可是大凡嫡亲兄弟，一母同胞，争夺钱财的事情都时有发生，如果想凭借奸诈狡猾、反复无常的苏秦的计谋来组织合纵，不能取得成果是十分明显的！”

【原文】

“大王不事秦，秦下兵攻河外，拔卷、衍、燕、酸枣，劫卫去晋阳[1]，则赵不南；赵不南则魏不北，魏不北则从道绝；从道绝，则大王之国欲求不危，不可得也。秦挟韩而攻魏，韩劫于秦，不敢不听，秦、韩为一国，魏之亡可立而须也[2]！北臣之所以为大王患也。为大王计，莫如事秦，事秦则楚、韩必不敢动，无楚、韩之患，则大王高枕而卧，国必无忧矣！且夫秦之所欲弱莫如楚，而能弱楚者莫若魏。楚虽有富大之名，其实空虚，其卒虽众，多言而轻走易北[3]，不敢坚战。魏之兵南面而伐，胜楚必矣！夫亏楚而益魏，攻楚而适秦[4]，而嫁祸安国[5]，此善事也。”

【注释】

〔1〕去晋阳：据胡三省说，当为“取阳晋”。阳晋，地名，址在今山西虞乡西，为赵、魏交界处。

〔2〕须：等待。

〔3〕多言：说大话，喧嚣。北：败退。

〔4〕适：称……之意，取悦于。

〔5〕而嫁祸安国：“而”原作“内”，据金正炜说改。而，以。

【译文】

“大王您如果不侍奉秦国，秦国就会派兵夺取河外，占领卷、衍、燕、酸枣等地，胁迫卫国，夺取阳晋，(这样一来)赵国就无法南下；赵国不能南下，魏军也就不能北上，赵、魏合纵联盟的通道被阻绝；赵、魏通道阻绝，您的魏国想要摆脱危险就不可能了！秦国要挟韩国共同攻打魏国，韩国迫于秦国的威势，不得不答应，只要秦、韩联合起来(攻魏)，魏国的灭亡就是指日可待的了！这正是我替大王您担心的事情。替您考虑，最好的办法就是侍奉秦国，您一旦侍奉了秦国，楚、韩两国肯定不敢轻举妄动，没有了楚、韩方面的威胁，大王您就可以高枕而卧了，国家不会有什么可担心的了！况且秦国最渴望削弱的就是楚国，而能够削弱楚国的没有比得上魏国的。楚国虽然号称强大富庶，但实际上相当空虚，军队的数量虽然多，却喧嚣不定，很容易被击溃，不能打硬仗。魏国只要出兵南下讨伐，战胜楚国是没有问题的！削弱楚国增强魏国，攻打楚国取悦秦国，嫁祸于安定国家，这都是好事情呀。”

【原文】

“大王不听臣，秦甲出而东，虽欲事秦而不可得也。且夫从人多奋辞而寡可信[1]，说一诸侯之王，出而乘其车；约一国而反，而成封侯之基[2]。是故天下之游士，莫不日夜扼腕、嗔目、切齿以言从之便，以说人主，人主览其辞，牵其说，恶得无眩哉！臣闻积羽沉舟，群轻折轴[3]，众口铄金[4]。故愿大王之熟计之也。”魏王曰：“寡人蠢愚，前计失之。请称东藩、筑帝宫、受冠带、祠春秋、 効河外。”

【注释】

〔1〕奋辞：激烈的言辞，大话。
〔2〕而成：原作“成而”，据《史记》改。
〔3〕群轻折轴：轻东西多了，可以压断车轴。
〔4〕众口铄金：众人谗毁，即使金石也可被销熔。

【泽文】

“大王您如果不采纳我的建议，等到秦国出动军队东伐，您就是想侍奉秦国都来不及了。何况那些主张合纵的人言辞激烈，却没有什么信义可言，说服一个诸侯，就乘坐人家的马车，约定一个同盟国归来，封侯的基业就已奠定。正是这个缘故，使得普天下的游说之士，没有不白天黑夜握紧手腕、瞪大眼睛、咬牙切齿地演习合纵的好处，游说各国君主，国君们听了说辞，为他们的思路所左右，怎么能不迷惑呢！我听说过，羽毛多了可以压沉小船，轻的东西堆积起来可以折断车轴，众人共同诋毁，能够毁了金石一般的人。所以希望大王能对此事深思熟虑。”魏王说：“我很愚蠢，以前的想法错了。现在我请求成为秦国东部的臣属，修筑秦王的行宫，接受秦国的命服，为秦国春秋助祭，把河外的土地贡献给秦国。”

梁王魏婴觞诸侯于范台[1]

【题解】

本文选自《魏策二》。

梁王的享乐生活有些过分，鲁共公择取前代君王的善行对其进行劝诫。统治者的生活如果奢侈过多，必然加重对人民的盘剥，从而引起人民的反抗，加速其灭亡，鲁共公对此有所认识。本文紧扣“亡国”二字排比论述，中心突出，观点鲜明，说服力很强。

【原文】

梁王魏婴觞诸侯于范台，酒酣，请鲁君举觞[2]。鲁君兴，避席，择言曰：“昔者帝女仪狄作酒而美[3]，进之禹，禹饮而甘之，遂疏仪狄，绝旨酒，曰：‘后世必有以酒亡其国者！’齐桓公夜半不嗛[4]，易牙乃煎敖燔炙、和调五味而进之[5]，桓公食之而饱，至旦不觉，曰：‘后世必有以味亡其国者！’晋文公得南之威，三日不听朝，遂推南之威而远之[6]，曰：‘后世必有以色亡其国者！’楚王登强台而望崩山[7]，左江而右湖，以临彷徨[8]，其乐忘死，遂盟强台而弗登，曰：‘后世必有以高台陂池亡其国者[9]！’今主君之尊，仪狄之酒也；主君之味，易牙之调也；左白台而右闾须[10]，南威之美也；前夹林而后兰台[11]，强台之乐也。有一于此，足以亡其国！今主君兼此四者，无可戒与？”梁王称善相属[12]。

【注释】

〔1〕魏婴：魏罃，音近而误，魏惠王名。范台：高台名，又作兰台。魏惠王十五年(前356年)，即周显王十三年，魏惠王在范台宴请鲁、卫、宋、郑等小国君主，鲁君(共侯)以酒、味、色、高台陂池可以亡国的古训告诫惠王。

〔2〕觯：酒器,《仪礼·燕礼》郑注“三升曰觯”。原作“觞”，据金正炜说改。

〔3〕仪狄：或作“尧、舜女”，或作“黄帝女”，以禹时在而度，前说当是。

〔4〕嗛：口中衔物。此处指胃口不好。

〔5〕易牙：齐桓公佞臣雍巫的字。敖：同“熬”。

〔6〕南之威：美女名，又叫南威。

〔7〕强台：楚高台，又名荆台、京台，即章华台，址在今湖北潜江西南。崩山：又称崇山、猎山，缪文远据边章《游章华台赋》认为即巫山。

〔8〕彷徨：徘徊。

〔9〕陂池：《尚书》注“泽障曰陂，停水曰池”。

〔10〕白台、闾须：应皆惠王之美姬。

〔11〕夹林；为魏王游乐之处，址当在今河南开封附近。兰台：范台。

〔12〕相属：相连接。

【译文】

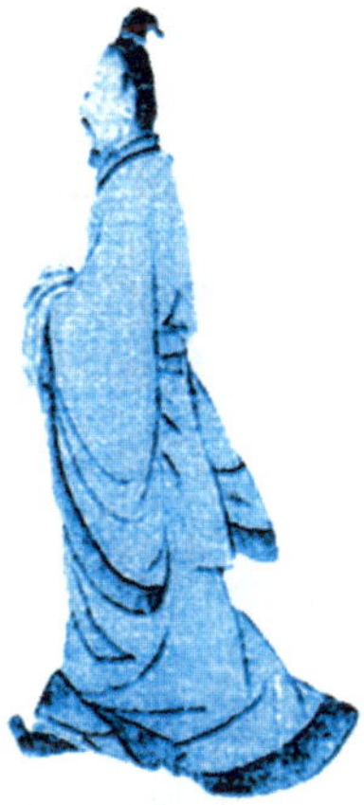

魏惠王罃在范台设宴款待各国诸侯，酒喝到高兴处，魏王请鲁共侯举大杯，鲁侯站起来，离开座席谨慎地选择言辞说：“从前尧帝之女仪狄造出味道很美的酒，把它进献给禹，禹喝后觉得十分甘美，于是就疏远了仪狄，不再饮酒，并说：‘以后肯定会有因为饮酒而亡国的君主！’齐桓公夜里胃口不好，易牙就为他烹调了一些菜肴进献给他，桓公吃得很饱，一觉睡到天大亮，他说：‘以后肯定会有因为贪吃美味而亡国的君主！’晋文公得到美女南威，接连三天不听早朝，于是就疏远了她，说：‘以后肯定会有因贪恋美色而亡国的君主。’楚王登临强台瞭望巫山，左边是大江，右边是云梦泽，他意气飞扬，以至于快乐地忘却了死亡，于是他发誓不再登临强台，并说：‘以后肯定会有因游玩高台陂池而亡国的君主！’现在大王您的酒杯里盛的是仪狄的美酒；您吃的菜肴无异于易牙调制的美味；左拥白台，右抱闾须，都是南威一般的美女；前有夹林，后有范台，其乐如同楚王的强台。有一样东西在这里，都足以招致亡国之祸！可如今大王您四者兼而有之，我怎么能不对您有所告诫呢？”魏惠王听后，连声称赞他讲得好。

魏王欲攻邯郸〔1〕

【题解】

本文选自《魏策四》。

魏王欲成霸王之业而攻邯郸，季梁用一个寓言故事说明其举动正是南其辕而北其辙，比喻贴切，鲜明生动，说服力强，达到了劝阻魏王进攻邯郸的目的。成语“南辕北辙”就出自这里。

【原文】

魏王欲攻邯郸，季梁闻之〔2〕，中道而反，衣焦不申〔3〕，头尘不去，往见王曰：“今者臣来，见人于大行〔4〕，方北面而持其驾，告臣曰：‘我欲之楚。’臣曰：‘君之楚，将奚为北面？’曰：‘吾马良。’臣曰：‘马虽良，此非楚之路也！’曰：‘吾用多。’臣曰：‘用虽多，此非楚之路也！’曰：‘吾御者善。’此数者愈善而离楚愈远耳。今王动欲成霸王，举欲信于天下，恃王国之大，兵精锐，而攻邯郸，以广地尊名。王之动愈数，而离王愈远耳！犹至楚而北行也。”

【注释】

〔1〕魏惠王准备攻赵，季梁用“南辕北辙”的比喻劝谏。惠王不听，结果招致桂陵惨败，成了魏由强而弱的转折点。事在周显王十五年，即魏惠王十七年（前354年）。

〔2〕季梁：魏国人。钱穆等认为即《列子》所载杨朱之友季梁。

〔3〕焦：同“燋”，缩。即皱折不展。

〔4〕大行：大道，大路。

【译文】

魏惠王想进攻赵国，季梁（正出使他国）行至半途，听到这件事后就折回了魏国，他没有来得及整理皱折的衣服，洗去头上的征尘，就急忙去见惠王，他说："这次我回国途中在大路上见到一个人，正面朝北方赶着马车，他对我说：'我准备去楚国。'我问他：'您要去楚国，为什么朝北方走呢？'他说：'我的马很健壮。'我就对他说：'马虽然健壮，可这并不是去楚国的路。'他又说：'我带的盘缠很多。'我说：'盘缠固然多，可这并不是去楚国的路呀！'他仍然固执地说：'我驾车的技术很高明。'这几样东西越是好，他距离楚国就越远。现在大王一举一动都想取信于天下，以成就自己的霸王之业，依仗魏国国土广阔，军队精锐的条件去进攻赵国以扩大国土，取得名声。您行动的次数越多，就距自己的目的越远！就像要去楚国却向北走的人一样。"

秦王使人谓安陵君

【题解】

本文选自《魏策四》。

秦国在灭韩亡魏之后，又企图吞并安陵这个只有五十里方圆的小国。秦王施展欺诈惯伎，假借与安陵君交换土地的办法达到并吞安陵的目的。安陵国使臣唐且单人匹马地去与残暴的秦王交涉，他大义凛然，维护国家主权，拒绝与秦国换地。秦王碰了钉子，恼羞成怒，便露出狰狞的面孔，进行恫吓威胁。但唐且不畏强暴，敢于牺牲，与秦王作了针锋相对的辩论，并准备拼死刺杀秦王，直至同归于尽。他的大智大勇和宁死不屈的行为，终于折服了秦王，于是也就胜利地完成使命。

【原文】

秦王使人谓安陵君曰[1]："寡人欲以五百里之地易安陵，安陵君其许寡人？"安陵君曰："大王加惠，以大易小，甚善。虽然，受地于先生[2]，愿终守之，弗敢易。"秦王不说。安陵君因使唐且使于秦[3]。秦王谓唐且曰："寡人以五百里之地易安陵，安陵君不听寡人，何也？且秦灭韩亡魏，而君以五十里之地存者，以君为长者，故不错意也。今吾以十倍之地请广于君，而君逆寡人者，轻寡人与？"唐且对曰："否，非若是也。安陵君受地于先生而守之，虽千里不敢易也，岂直五百里哉！"

【注释】

〔1〕秦王：秦始皇嬴政。当时始皇还未称帝，因此称秦王。安陵君：安陵君主。安陵，小国名，魏国的附庸。

〔2〕译文依鲍本“生”作“主”。

〔3〕唐且：战国时，有三人皆名为唐且。

【译文】

秦王派人对安陵君说：“寡人要用五百里的土地来换安陵，安陵君或许会答应寡人吧？”安陵君说：“大王施恩于臣，用大块土地换小块的，这当然是太好了。虽然这样说，可是我从先王那里接受了土地，愿意终身死守，而不敢和人轻易交换。”秦王听了很不高兴。所以安陵君就派唐且出使秦国。秦王对唐且说：“寡人用五百里土地来换安陵，可安陵君不听从我，这是为什么？再说秦国已经灭亡了韩、魏，可安陵君凭五十里地盘生存下来，那是因为我认为他是忠厚长者，所以没把安陵放在心上。现在我用十倍的土地请安陵君扩大地盘，可是安陵君竟违抗寡人，这是轻视寡人吧？”唐且回答说：“不，不是这样。安陵君从先王那里接受土地而守着，即使是方圆千里都不敢换，岂只方圆五百里呢？”

【原文】

秦王怫然怒，谓唐且曰：“公亦尝闻天子之怒乎？”唐且对曰：“臣未尝闻也。”秦王曰：“天子之怒，伏尸百万，流血千里。”唐且曰：“大王尝闻布衣之怒乎？”秦王曰：“布衣之怒，亦免冠徒跣，以头抢地尔。”唐且曰：“此庸夫之怒也，非士之怒也。夫专诸之刺王僚也，彗星袭月〔1〕；聂政之刺韩傀也，白虹贯日〔2〕；要离之刺庆忌也〔3〕，苍鹰击于殿上。此三子者，皆布衣之士也，怀怒未发，休祲降于天，与臣而将四矣。若士必怒，伏尸二人，流血五步，天下缟素，今日是也。”挺剑而起。

秦王色挠，长跪而谢之曰：“先生坐，何至于此！寡人谕矣。夫韩、魏灭亡，而安陵以五十里之地存者，徒以有先生也。”

【注释】

〔1〕“专诸”句：春秋时，吴国公子光派遣专诸刺杀国王僚，据说惊动了上天扫帚星。袭月，指彗星之光掩盖了月光。

〔2〕“聂政”句：春秋时，韩臣严仲子与相国韩傀有仇，严仲子就派遣聂政刺杀韩傀，据说白色的虹带穿过太阳。

〔3〕庆忌：吴王僚之子。

【译文】

秦王勃然大怒，对唐且说：“您也曾听说天子发脾气吗？”唐且回答说：“臣下没听说过。”秦王说：“天子发脾气，就得百万人头落地，流血千里。”唐且说：“大王曾经听说平民发脾气吗？”秦王说：“平民发脾气，不过是摘下帽子光着脚，拿脑袋往地上碰罢了。”唐且说：“这是庸人发脾气，不是高士发脾气。那专诸刺杀王僚的时候，彗星侵袭月亮；聂政刺杀韩傀的时候，白虹穿过太阳；要离刺杀庆忌的时候，苍鹰在宫殿上搏击。这三个人，都是平民中的高士，他们满怀的怒火还没发泄出来，凶兆就从天而降，把臣下算上就是四个人了。所以高士发怒，就将倒下两具尸体，五步之内鲜血四溅，天下臣民都要穿上白色孝服，现在这个时机已经到了。”唐且说完就立刻拔剑跑向秦王。

秦王吓得脸色惨白，直起腰来道歉说：“先生请坐下，何必如此发怒呢！寡人现在明白了。韩、魏两个庞大的国家相继灭亡，而安陵能靠五十里地盘生存下来，那是因为有像先生这样的人。”

申子请仕其从兄官〔1〕

【题解】

本文选自《韩策一》。

申子，即申不害，战国时期法家的著名代表。他在韩国推行法家思想，主张凭功劳的大小来决定个人的赏赐和升迁，即使是宗室贵族如果没有功劳也不能给予重任。这样“任人唯功”的办法无疑对国家的富有和强盛有很大的促进作用。但在历史上真正实行的并没有几国或几朝，其原因就是遭到了一些权臣、贵族的反对，因为这种做法侵害了他们的利益。非但如此，就连其倡导者申子在自己的个人利益面前也将其学说抛之脑后，为自己的堂兄请功。于是当时变法图强的韩昭侯对其这种徇私谋官的行为进行了“以牙还牙”的反驳。

【原文】

申子请仕其从兄官，昭侯不许也，申子有怨色。昭侯曰：“非所谓学于子者也？听子之谒而废子之道乎？又亡其行子之术而废子之谒乎[2]？子尝教寡人循功劳，视次第，今有所求此，我将奚听乎？”申子乃辟舍请罪曰：“君真其人也！”

【注释】

〔1〕又见《韩非子·外储说左上》，事在周显王十八年，即韩昭侯八年(前351年)。

〔2〕又亡其：亡其，语气转折词，或者是。又，王念孙以为衍。

【译文】

申不害请求韩昭侯任命他的堂兄做官，昭侯没有答应，申不害脸上现出不高兴的样子。昭侯对他说：“这难道不是我向您学到的吗？您是让我答应您的请求从而废弃您的政治主张呢？还是要我听从您的政治主张从而不答应您的请求呢？您曾经教我(任命官吏)要按照功绩与资历，现在又有这样的请求，您要我听哪一个呢？”申不害听完这话，马上避居别舍，向昭侯请罪并说：“您真是能用法术治国的君王呀！”

韩傀相韩

【题解】

本文选自《韩策二》。

韩国大臣严遂与国相韩傀有仇，严遂被迫逃亡在外。他结交了一个隐居在市井间的侠义之士聂政，聂政感激严遂的“知己”而答应代他报仇。后来，聂政单刀入韩，刺死了韩傀，并且自杀。

【原文】

韩傀相韩[1]，严遂重于君[2]，二人相害也。严遂政议直指，举韩傀之过。韩傀以之叱之于朝。严遂拔剑趋之，以救解。于是严遂惧诛，亡去游，求人可以报韩傀者。

【注释】

〔1〕韩傀：韩相国。《史记》作“侠累”。

〔2〕严遂：濮阳人，字仲子，韩臣。

【译文】

韩傀做韩国相国的时候，严遂也受到了韩王的重用，两个人彼此忌恨。严遂议事公正，直接指斥韩傀的行为，列举韩傀的过失。韩傀于是就在朝廷上叱骂他，严遂拔出宝剑追杀韩傀，由于别人的救助才解了围。于是严遂害怕被韩傀杀害，逃出韩国，游荡在外，寻找可以向韩傀报仇的人。

【原文】

至齐，齐人或言：“轵深井里聂政[1]，勇敢士也，避仇隐于屠者之间。”严遂阴交于聂政，以意厚之。聂政问曰：“子欲安用我乎？”严遂曰：“吾得为役之日浅，事今薄，奚敢有请？”于是严遂乃具酒，觞聂政母前。仲子奉黄金百镒，前为聂政母寿。聂政惊，愈怪其厚，固谢严仲子。仲子固进，而聂政谢曰：“臣有老母，家贫，客游以为狗屠，可旦夕得甘脆以养亲。亲供养备，义不敢当仲子之赐。”严仲子辟人，因为聂政语曰：“臣有仇，而行游诸侯众矣。然至齐，闻足下义甚高。故直进百金者，特以为夫人粗粝之费，以交足下之欢，岂敢以有求邪？”聂政曰：“臣所以降志辱身，居市井者，徒幸而养老母。老母在，政身未敢以许人也。”严仲子固让，聂政竟不肯受。然仲子卒备宾主之礼而去。

【注释】

〔1〕轵深井里：轵，地名，今河南省济源县南部。深井里，轵地的里名。

【译文】

到了齐国，齐国有人说：“轵地深井里的聂政，是一个勇士，躲避仇人隐藏在屠夫之中。”严遂就暗中与聂政交往，有意厚待他。聂政问严遂说：“您想让我干什么？”严遂说：“我为您效劳的日子还很短，与您的交情还很浅薄，怎么敢有所求呢？”于是严遂就准备酒菜，向聂政母亲敬酒。严遂又拿出百镒黄金，为聂政母亲祝寿。聂政很吃惊，更加奇怪他何以厚礼相待，坚决辞谢严遂的盛情。严遂坚持进献，聂政辞谢说：“我有老母亲，家中贫寒，游荡他乡，以杀狗为业，能够早晚得到些甜美香软的食物奉养老母，母亲的供养已经够用，按情理实在不敢接受您的赏赐。”严遂避开周围的人，于是对聂政说：“我有仇要报，曾游访过许多诸侯国。这样到了齐国，听说您很讲义气，所以直接送上百金，也只不过是作为老夫人粗茶淡饭的费用，好让足下高兴，怎敢有什么要求呢？”聂政说：“我所以降低志向，辱没身份，隐居在市井之中，只是为奉养老母。老母活着，我的生命不敢交给别人。”严遂极力推让，聂政始终不肯接受礼物。然而严遂还是完成了宾主之礼才离开。

【原文】

久之，聂政母死，既葬，除服。聂政曰：“嗟乎！政乃市井之人，鼓刀以屠，而严仲子乃诸侯之卿相也，不远千里，枉车骑而交臣，臣之所以待之至浅鲜矣，未有大功可以称者，而严仲子举百金为亲寿，我虽不受，然是深知政也。夫贤者以感忿睚眦之意，而亲信穷僻之人，而政独安可嘿然而止乎？且前日要政，政徒以老母。老母今以天年终，政将为知己者用。”

遂西至濮阳，见严仲子曰：“前所以不许仲子者，徒以亲在。今亲不幸，仲子所欲报仇者为谁？”严仲子具告曰：“臣之仇韩相傀。傀又韩君之季父也，宗族盛，兵卫设，臣使人刺之，终莫能就。今足下幸而不弃，请益具车骑壮士，以为羽翼。”政曰：“韩与卫，中间不远，今杀人之用，相又国君之亲，此其势不可以多人。

多人不能无生得失，生得失则语泄，语泄则韩举国而与仲子为仇也，岂不殆哉！”遂谢车骑人徒，辞，独行仗剑至韩。

【译文】

过了很久，聂政的母亲死了，安葬完毕，除去了丧服。聂政说：“唉！我只是个市井平民，动刀杀畜罢了，而严遂却是诸侯的卿相，他不远千里，委屈车马来结交我，我对待他的情分，太浅薄了，没有可以称道的大功劳，而严遂却拿出百金为我的母亲祝寿，我虽然没有接受，然而他是深深理解我的人。贤德的人因为心中有令人激愤、怒目而视的仇恨，而来亲近穷困僻远的人，我怎么可以默然不动呢？况且严遂以前约请我，我只是因为有老母。老母如今已享尽天年，我将为知己者报仇。”

于是向西到了濮阳，见到严遂说：“从前没有答应您的原因，只是因为老母还在。如今老母不幸谢世，请问您想报仇的人是谁？”严遂把全部情况都告诉聂政说：“我的仇人，是韩国相国韩傀，韩傀又是韩王的叔父，庭院庞大，卫兵设置严密，我曾派人刺杀他，一直没能成功。现在有幸承蒙您不抛弃我，请让我为您多准备车马、壮士作为随从。”聂政说：“韩国与卫国之间相距不远，如今去杀人家的相国，相国又是韩王的至亲，在这种形势下不可以多带人，人多了不能保证不出差错，出了差错就会泄露秘密，泄露秘密就会使韩国举国上下与您为仇，岂不是危险了！”于是辞谢了车马随从，告别而去，独自持剑来到韩国。

【原文】

韩适有东孟之会，韩王及相皆在焉，持兵戟而卫者甚众。聂政直入，上阶刺韩傀。韩傀走而抱哀侯[1]，聂政刺之，兼中哀侯，左右大乱。聂政大呼，所杀者数十人。因自皮面抉眼，自屠出肠，遂以死。韩取聂政尸於市，县购之千金。久之莫知谁子。

政姊闻之，曰：“弟至贤，不可爱妾之躯，灭吾弟之名，非弟意也。”乃之韩。视之曰：“勇哉！气矜之隆。是其轶贲、育而高成荆矣[2]。今死而无名，父母既殁矣，兄弟无有，此为我故也。夫爱身不扬弟之名，吾不忍也。”乃抱尸而哭之曰：“此吾弟轵深井里聂政也。”亦自杀于尸下。

【注释】

〔1〕哀侯：此时为韩哀侯六年。

〔2〕轶贲、育：贲，孟贲。育，夏育。二人是战国时的勇士。轶，超过。

【译文】

恰逢韩国在东孟举行盛会，韩王和相国韩傀都在那里，手持武器护卫的人很多。聂政径直闯入，奔上台阶刺杀韩傀。韩傀逃跑抱住了韩哀侯，聂政用剑刺他，同时刺中了哀侯，左右的人大乱。聂政大吼，被他杀死的人有几十个，于是聂政自己刺烂脸面，挖出眼睛，自己剖腹，流出了肠子，很快就死去了。韩国把聂政暴尸在市场上，悬赏千金想知道他的名字，过了很久，没有人知道他究竟是谁。

聂政的姐姐听说后，说：“我的弟弟非常贤能，我不应该吝惜自己的身躯，而埋没了弟弟的英名，虽然这并不是弟弟的本意。”于是她来到韩国，看到聂政的尸体说：“勇敢啊！浩气雄壮，这样壮烈的行为超过了孟贲、夏育，高过了成荆。现在弟弟死了，却没留下名字，父母已经去世，又没有其他兄弟，弟弟这样做是为了不牵连我的缘故啊。吝惜自己的身躯而不传扬弟弟的英名，我不忍心这样做。”她就抱着聂政的尸体哭着说：“这是我的弟弟，轵地深井里的聂政。”也自杀在聂政的尸体旁。

【原文】

晋、楚、齐、卫闻之曰：“非独政之能，乃其姊者，亦列女也。”聂政之所以名施于后世者，其姊不避菹醢之诛[1]，以扬其名也。

【注释】

〔1〕菹醢：古刑，把人剁成肉酱。

【译文】

晋、楚、齐、卫等国的人听说后，都说：“不只是聂政勇敢，就是他的姐姐也是一个刚烈女子。”聂政所以能名传后世，是因为他的姐姐不怕自己被剁成肉酱而传扬他的名声。

人有恶苏秦于燕王者[1]

【题解】

本文选自《燕策一》。

“飞鸟尽，良弓藏；狡兔死，猎狗烹”，这是古代众多良臣名将的最终结局。苏秦，作为合纵的倡导与施行者，曾经成功地联合了东方五国，击退了西秦，使东方五国得到了休整与发展。燕国，是第一个接受苏秦主张的国家，在合纵抗秦的斗争中尝到了果实，一度稳定下来，苏秦也打算把这里当成安身之地。但好景不长，苏秦遭到了别人的诋毁，引起了燕王的怀疑。害怕惹祸上身的苏秦急忙向燕王解释表白，并用尾生、伯夷、曾参及邻居侍女等故事来说明自己的清白，最终破除了谗言，重新得到了燕王的信任。

【原文】

人有恶苏秦于燕王者，曰：“武安君，天下不信人也！王以万乘下之，尊之于廷，示天下与小人群也。”武安君从齐来，而燕王不馆也[2]。谓燕王曰：“臣，东周之鄙人也！见足下，身无咫尺之功，而足下迎臣于郊，显臣于廷。今臣为足下使，利得十城，功存危燕，足下不听臣者，人必有言臣不信，伤臣于王者！臣之不信，是足下之福也。使臣信如尾生，廉如伯夷，孝如曾参，三者天下之高行，而以事足下，可乎[3]？”燕王曰：“可。”曰：“有此臣亦不事足下矣！且夫孝如曾参[4]，义不离亲一夕宿于外，足下安得使之之齐？廉如伯夷，不取素餐[5]，污武王之义而不臣焉，辞孤竹之君[6]，饿而死于首阳之山[7]，廉如此者，何肯步行数千里而事危燕之弱主乎？信如尾生，期而不来，抱梁柱而死，信至如此，何肯扬燕、秦之威于齐，而取大功乎哉？且夫信行者，所以自为也，非所以为人也。皆自覆之术，非进取之道也[8]。且夫三王代兴，五霸迭盛，皆不自覆也。君以自覆为可乎？则齐不益于营丘[9]，足下不逾境[10]，不窥于边城之外。且臣有老母于周，离老母而事足下，去自覆之术而谋进取之道，臣之趣固不与足下合者。足下者自覆之君也[11]，仆者进取之臣也。所谓以忠信得罪于君者。”

【注释】

〔1〕有人诋毁苏秦不讲信用，燕王于是疏远了他。苏秦对燕王说，如果自己信如尾生，廉如伯夷，孝如曾参，就不可能去侍奉燕王，更不可能替燕国图谋齐国。马雍据马王堆帛书《战国纵横家书》第五章考实此为苏秦与燕昭王策划破齐的谈论，或属传闻之误，或经后人妄改所致。缪文远系于周赧王十五年，即燕昭王十二年(前300年)。

〔2〕燕王不馆：燕王没有去看望他。馆，诣其馆。

〔3〕姚本“可”上原有“不”字，今从鲍本。

〔4〕“且夫”前本有“苏秦曰”三字，据黄丕烈说删。

〔5〕素餐：不劳而获的食物。

〔6〕孤竹：古代方国，址在今河北北部、辽宁一带。

〔7〕首阳之山：首阳山，又名雷首山，即今山西南部的中条山。

〔8〕自覆：自我保护，独善其身。

〔9〕营丘：地名，址在今山东临淄，太公望初封地。

〔10〕“境”前原有“楚”字，据黄丕烈说改。

〔11〕者：原作“皆”，据王念孙说改。

【译文】

有人在燕王那里诋毁苏秦，说：“武安君是天下最不讲信用的人了！大王却以万乘之尊敬重他，让他尊贵于朝廷，这是向天下显示您在和小人为伍呀！”武安君从齐国出使归来，燕王就没去看望他。苏秦对燕王说：“我是东周的一个普通人，前来谒见陛下，虽然没有一点功劳，但您仍然亲自到郊外迎接，让我显贵于朝廷。这次我为陛下出使齐国，获得了十座城邑的利益，立下了使燕国转危为安的功劳，可陛下却不理睬我，肯定有人在您面前中伤我，说我是个不讲信用的人。实际上我的不讲信用，正是陛下的福分呀！假如我像尾生一样讲信用，像伯夷一样廉洁自律，像曾参一样孝道——这三个人是天下品行最高尚的人，以这样的品行侍奉陛下，可以吗？”燕王说：“当然可以。”苏秦说：“可惜如果有这样的品行我也不侍奉陛下。况且如果像曾参一样孝道，不愿意离开父母到外边过哪怕一夜，陛下怎么可能让他去出使

燕王职戈　战国时代铜兵器。援长18厘米，胡长13厘米，内长9厘米。胡上有“郾（燕）王职作御司马”7字铭字。现藏辽宁省博物馆。

齐国呢？像伯夷一样廉洁自律，不吃不劳而获的食物，鄙夷武王的行为所以不愿做他的臣民，辞谢孤竹国的君位，最后饿死在首阳山，这样廉洁的人，怎么会步行数千里前来侍奉弱小燕国的危难之君呢？像尾生那样诚信，等不来约好的女朋友，宁肯抱着柱子死去，这样诚信的人，又怎么肯在齐国宣传燕国与秦国的威名从而取得那样大的功劳呢？何况讲究诚信品行的人，都是在为自己着想，而不是为他人着想。只是独善自身的办法，而不是积极进取的策略。又何况夏、商、周三代相继兴起，春秋五霸更迭称霸，都不独善自身。您认为独善自身好吗？（如果真好）那么齐国就不会比营丘更大，陛下也不会踏出边境觊觎国境之外的土地了。而且我的老母亲还在东周，我离开老母亲前来侍奉陛下，丢掉独善自身的想法谋求实现积极进取的方针。我的志趣本来就和您不一样，陛下是独善自身的君主，我是积极进取的臣子呀！也就是因为忠诚信义反而得罪于国君的人。”

【原文】

燕王曰：“夫忠信又何罪之有也？”对曰：“足下不知也！臣邻家有远为吏者，其妻私人。其夫且归，其私之者忧之。其妻曰：公勿忧也，吾以为药酒以待之矣！’后二日，夫至，妻使妾奉卮酒进之。妾知其药酒也，进之则杀主父，言之则逐主母，乃阳僵弃酒[1]，主父大怒而笞之。故妾一僵而弃酒，上以活主父，下以存主母也，忠至如此，然不免于笞。此以忠信得罪者也！臣之事适不幸而有类妾之弃酒也。且臣之事足下，亢义益国[2]，今乃得罪。臣恐天下后事足下者，莫敢自必也！且臣之说齐曾不欺之也。使之说齐者莫如臣之言也，虽尧、舜之智不敢取也。”

【注释】

〔1〕阳：同“佯”，假装。僵：向后倒下，摔倒。

〔2〕亢义：高扬大义。亢，高。

【译文】

燕王问：“忠诚信义又有什么罪过呢？”苏秦回答说：“陛下是不知道呀！我们有个在远处当官的邻居，他的妻子和别人私通。那人就要回来了，他妻子的情夫很恐惧。他的妻子就劝说：‘您不要害怕！我已经准备好了毒酒等他回来。’过了两天，她丈夫回到家，妻子叫侍女捧着一壶酒送去，侍女知道这是毒酒，送去吧，会毒死男主人；说了吧，女主人会被赶走，于是她假装摔倒把酒洒掉了，男主人大怒，打了她一顿。所以这个侍女摔一跤洒了酒，既救了男主人的性命，又保住了女主人的名声，忠诚到这个地步尚且免不了挨一顿打，这就是因为忠诚信义而获罪的人呀！而我的事情很不幸与这个侍女洒酒的事情相类似。况且我侍奉陛下，声扬您的声名，增强燕国的势力，可现在居然获罪，我担心以后侍奉陛下的所有人都不会像我这样做了。而且我游说齐国的话没有一点虚假，如果游说齐国而不像我那样说，即使是有尧、舜的智慧也不可能使齐国听从。”

燕昭王收破燕后即位

【题解】

本文选自《燕策一》。

燕昭王即位时，燕国由于严重的内乱和外患，已经残破不堪。他决心发愤图强，励精图治，复兴国家，向侵略者报仇。他的复兴国家大业是从尊重人才、广招贤士、虚心求教开始的。他采纳了郭隗的建议，并将郭隗尊为师长，百般地优待，从而使人们了解了他思贤若渴的愿望，于是各国许多优秀的人才纷纷来燕，辅佐他完成复国大业。同时，他关心国内人民的疾苦，也取得了人民拥护。所以，最后终于实现了富国强兵和报仇雪耻的政治理想。

【原文】

燕昭工收破燕后即位，卑身厚币，以招贤者，欲将以报仇。故往见郭隗先生曰：“齐因孤国之乱，而袭破燕。孤极知燕小力少，不足以报。然得贤士以共国，以雪先王之耻，孤之愿也，敢问以国报仇者奈何？”

郭隗先生对曰：“帝者与师处，王者与友处，霸者与臣处，亡国与役处。诎指而事之[1]，北面而受学，则百己者至；先趋而后息，先问而后嘿，则什己者至；人趋己趋，则若己者至；冯几据杖，眄视指使，则厮役之人至。若恣睢奋击，呴籍叱咄[2]，则徒隶之人至矣。此古服道致士之法也。王诚博选国中之贤者而朝其门下，天下闻王朝其贤臣，天下之士，必趋于燕矣。”

【注释】

〔1〕诎指：折节。

〔2〕呴：通“吼”。

【译文】

燕昭王收拾了残破的燕国之后，登上了王位。他谦卑恭敬，以厚礼重金招聘贤才，准备依靠他们报仇雪耻。于是，他去见郭隗先生，说：“齐国趁我国内乱，发动突然袭击，打败了燕国。我深知国小力弱，不可能报仇。然而如果能得到有才干的人，与他们共同管理国家，来洗雪先王的耻辱，这是我的愿望。请问要报国家的大仇，应该怎么办？”

郭隗先生回答说：“成就帝业的国君，以贤者为师，同朝共事；成就王业的国君，以贤者为友，同朝共事；成就霸业的国君，以贤者为臣，同朝共事；亡国的国君，以贤者为奴仆，则不能保有国家。折节屈尊侍奉贤者，面向老师接受教导，那么，才干超过自己百倍的人就会到来；先于别人去劳役，后于别人去休息，先于别人向人求教，别人已经不求教了，自己还求教不止，那么，才干超过自己十倍的人就会到来；靠着几案，拄着手杖，颐指气使，指手画脚，那么，干杂活、服苦役的人就会到来；如果对人暴虐粗野，随便发怒，任意呵斥，那么，只有唯唯诺诺，唯命是从的犯人、奴隶就会到来。这些都是古代施行王道，招揽人才的办法。大王如果能够广泛选拔国内的人才，亲自登门拜访，天下人听说大王亲自拜访贤臣，天下的贤士一定都会奔赴燕国。”

【原文】

昭王曰："寡人将谁朝而可？"郭隗先生曰："臣闻古之君人有以千金求千里马者，三年不能得。涓人言于君曰[1]：'请求之。'君遣之，三月，得千里马，马已死，卖其首五百金，反以报君。君大怒曰：'所求者生马，安事死马而捐五百金？'涓人对曰：'死马且买之五百金，况生马乎？天下必以王为能市马，马今至矣！'于是不能期年，千里之马至者三。今王诚欲致士，先从隗始。隗且见事，况贤于隗者乎？岂远千里哉！"

【注释】

〔1〕涓人：养兽官。

【译文】

昭王说："我应当拜访谁才合适呢？"郭隗先生说："我听说，古代有个君王，想以千金求购千里马，经过三年，也没有买到，宫中有个内臣对国君说：'请让我去买吧'，国君就派他去。三个月后他找到了千里马，可是马已经死了，就以五百金买了那匹死马的头，回来报告国君。国君大怒，说：'我要找的是活马，死马有什么用？还白白花了五百金。'内臣回答说：'死马尚且肯花五百金，更何况活马呢？天下人由此一定会认为大王喜欢千里马，那么千里马就会买到。'于是，不到一年，三匹千里马就送上门来。现在大王果真想招揽人才，就先从我开始吧；像我这样的人尚且被任用，何况比我更有才干的人呢？难道他们还会嫌千里为远而不到燕国来吗？"

【原文】

于是昭王为隗筑宫，而师之。乐毅自魏往，邹衍自齐往，剧辛自赵往，士争凑燕。燕王吊死问生，与百姓同其甘苦[1]。二十八年，燕国殷富，士卒乐佚轻战。于是遂以乐毅为上将军，与秦、楚、三晋合谋以伐齐。齐兵败，闵王出走于外。燕兵独追北，入至临淄，尽取齐宝，烧其宫室宗庙。齐城之不下者，唯独莒、即墨。

【注释】

〔1〕若：同“苦”。

【译文】

在这时，燕昭王专为郭隗修建了宫宅，并且尊他为师。不久，乐毅从魏国来了，邹衍从齐国来了，剧辛从赵国来了，有才干的人都争先恐后地聚集到燕国，昭王悼念死去的人，安慰活着的人，同老百姓同甘共苦。二十八年后，燕国殷实富裕了，士兵生活安适，都乐意为国而战。于是，昭王就任命乐毅为上将军，与楚、秦、赵、魏、韩等国合谋讨伐齐国。齐国大败，齐闵王逃往国外。燕国的军队单独追击败逃的齐军，攻下齐都临淄，把那里的宝物全部掠去，烧毁了齐国的宫殿、宗庙。齐国的城邑没有被攻下的，只有莒和即墨两处。

昌国君乐毅为燕昭王合五国之兵而攻齐

【题解】

本文选自《燕策二》。

燕将乐毅因为受到燕昭王的信任和重用，得以施展军事才能，所以在伐齐战争中立下了大功。新即位的燕惠王却不辨贤愚，听信了谗言，中了敌人的反间计，撤换了乐毅，致使前功尽弃。由于受到国君的猜忌，乐毅为了免遭不测，在不得已的情况下，弃燕奔赵。燕惠王不仅不反省自己用人的不当，反而派人去责备乐毅，因此，乐毅给燕惠王写了一封长信作答，驳斥了他人对自己的无理指责。

【原文】

昌国君乐毅为燕昭王合五国之兵而攻齐〔1〕，下七十余城，尽郡县之以属燕。三城未下〔2〕，而燕昭王死。惠王即位，用齐人反间，疑乐毅，而使骑劫代之将。乐毅奔赵，赵封以为望诸君〔3〕。齐田单欺诈骑劫，卒败燕军，复收七十城以复齐。燕王悔，惧赵用乐毅承燕之弊以伐燕。

燕王乃使人让乐毅，且谢之曰："先王举国而委将军，将军为燕破齐，报先王之仇，天下莫不振动，寡人岂敢一日而忘将军之功哉！会先王弃群臣，寡人新即位，左右误寡人。寡人之使骑劫代将军者，为将军久暴露于外，故召将军且体计事。将军过听，以与寡人有郄，遂捐燕而归赵。将军自为计则可矣，而亦何以报先王之所以遇将军之意乎？"

【注释】

〔1〕合五国之兵而攻齐：昌国君乐毅联合秦、韩、赵、魏、燕之兵攻齐。

〔2〕三城：指聊城、莒、即墨。

〔3〕望诸君：赵封乐毅于观津，号为望诸君。

乐 毅

【译文】

昌国君乐毅为燕昭王率五国联军伐齐，一连攻陷齐国七十多座城，而且分别划归燕国，只剩聊城、即墨、莒三座城没被攻下。这时燕昭王逝去。燕惠王即位，齐人对燕实行反间，以致使燕惠王怀疑乐毅，而另派燕将骑劫接替乐毅。乐毅心生恐惧逃往赵国，赵王封他为望诸君。这时齐将田单用计欺骗骑劫，最后大败燕军，夺回被燕国占领的七十多城，拯救了齐国。燕惠王懊悔不已，担心赵国重用乐毅，乘燕国之败来伐燕。

燕惠王派人责备乐毅，并且向乐毅道歉说："先王把全燕国都委托给将军，将军率军为燕国大败齐国，报了我列祖列宗的血海深仇，使天下诸侯都为之震惊，寡人怎敢一日而忘掉将军的丰功呢？不幸先王丢下群臣而去，寡人新即王位，结果竟被左右侍臣所蒙蔽。寡人所以使骑劫接替将军职位，是由于将军已经奔波战场很久，所以才想召回将军暂且休息，并想借机与你共商大计，将军竟误会了寡人的用心，认为寡人对将军有成见，于是才背弃燕国投奔赵国。如果将军完全为自己打算那是可以的，然而又怎能报答先王恩待将军的厚意呢？"

【原文】

望诸君乃使人献书报燕王曰："臣不佞，不能奉承先王之教，以顺左右之心，恐抵斧质之罪，以伤先王之明，而又害于足下之义，故遁逃奔赵。自负以不肖之罪，故不敢为辞说。今王使使者数之罪，臣恐侍御者之不察先王之所以畜幸臣之理，而又不白于臣之所以事先王之心，故敢以书对。

"臣闻圣贤之君，不以禄私其亲，功多者授之；不以官随其爱，能当之者处之。故察能而授官者，成功之君也；论行而结交者，立名之士也。臣以所学者观之，先王之举错，有高世之心，故假节于魏王，而以身得察于燕。先王过举，擢之乎宾客之中，而立之乎群臣之上，不谋于父兄，而使臣为亚卿。臣自以为奉令承教，可以幸无罪矣，故受命而不辞。"

【译文】

于是望诸君乐毅就派人对燕惠王说："臣庸碌无能，不能秉承先王的遗教，来顺应左右重臣的心意，深恐为此触犯刀斧诛戮的罪刑，如果这样的话，不但伤害了先王的遗教，而且也伤害了君王的仁义美德，所以臣不得已只好逃往赵国。臣自知身负不忠的重罪，所以也不敢为自己辩护。现在君王既然派使人数说臣的罪状，臣恐怕君王左右重臣不理解先王爱臣的道理，同时也不能表白臣一颗赤诚之心侍奉先王，所以才敢拿出勇气上书君王答辩。

"臣听说圣贤的君主不将禄位私自给自己的亲人，而是授给对国家功劳多的人；不把官爵随便赏赐给自己所爱的人，谁能胜任这项工作就任命谁。所以根据才干任命官吏的，就是成功的君王；根据品行来结交朋友的，就是成名的士人。据我观察，先王处理国事，其眼光都远超过当代诸侯之上，所以臣才借替魏王出使的机会来到燕国而得到先王的明察赏识。由于先王过分器重臣，从众多宾客中把臣提拔起来，使臣位居群臣之上，凡事都不和父兄商量，而使臣做亚卿。臣自己以为，从此奉公守法，秉从一切诏令去做事，总可以不获罪，所以才接受任命不加推辞。"

燕乐渔猎攻战图壶　战国前期，通高31.6厘米，宽22.3厘米，重3.54千克。

【原文】

“先王命之曰：‘我有积怨深怒于齐，不量轻弱，而欲以齐为事。’臣对曰：‘夫齐霸国之余数也，骤胜之遗事也，闲于兵甲，习于战攻。王若欲攻之，则必举天下而图之。举天下而图之，莫径于结赵矣。且又淮北、宋地，楚、魏之所同愿也。赵若许，约楚、魏，宋尽力，四国攻之，齐可大破也。’先王曰：‘善。’臣乃口受令，具符节，南使臣于赵。顾反命，起兵随而攻齐。以天之道，先王之灵，河北之地，随先王举而有之于济上。济上之军，奉令击齐，大胜之。轻卒锐兵，长驱至国。齐王遁逃走莒〔1〕，仅以身免。珠玉财宝，车甲珍器，尽收入燕，大吕陈于元英〔2〕，故鼎反于历室，齐器设于宁台〔3〕。蓟丘之植〔4〕，植于汶皇。自五伯以来，功未有及先王者也。先王以为慊其志，以臣为不顿命，故裂地而封之，使之得比乎小国诸侯。臣不佞，自以为奉令承教，可以幸无罪矣，故受命而弗辞。”

【注释】

〔1〕齐王：齐闵王。

〔2〕大吕：乐器，钟名。元英：燕宫殿名。

〔3〕宁台：燕台名。

〔4〕蓟丘之植：蓟（jì）丘，燕都城，在今北京。植，植物。

【译文】

“当年先王对臣说：‘寡人跟齐国有几代的深仇，所以寡人不度量国家的强弱，想要图谋齐国来复仇。’臣回答说：‘齐国有春秋五霸的遗风，又有屡战屡胜的经验，精于甲兵，长守进攻，君王假如想要攻打齐国，那必然联合天下诸侯共同进兵。联合天下诸侯来攻打齐国，必须首先联合赵民，况且淮北、宋地都是楚、魏都极想要的，假如赵国答应出兵攻齐，再联合楚、魏之师，宋国也必然尽力，由四国联军攻齐，就可以大败齐国。’先王曰：‘好。’臣乃亲自接受先王的命令，具备兵符，首先南去赵国。赵国很快答应共同出兵攻齐。仰仗天道和先王的神威，我黄河以北之地随先王的举措而扩大到济水滨，济水一带的军队奉命攻打齐国，大败齐师。轻装的精锐联军，长驱直入齐都临淄，齐王逃亡莒城，才算勉强保留一命。齐都的所有珠玉财宝和战车等武器都被收入燕国的府库。齐国国家制定乐律的大钟挂在燕国的元英殿上，燕国的宝鼎又被送回历室宫。齐国宝物摆在宁台，燕都蓟丘的旗帜插在汶水边的竹林内。从春秋五霸以来还没有像先王所建功业这样大的。先王觉得很满意，认为臣没有辜负使命，所以才封给臣土地，使臣能像小国的诸侯一样。臣愚鲁无能，自以为只要奉公守法，就可以侥幸不触犯刑律，所以才接受先王的命令而不敢推辞。”

【原文】

“臣闻贤明之君，功立而不废，故著于春秋；蚤知之士，名成而不毁，故称于后世。若先王之报怨雪耻，夷万乘之强国，收八百岁之蓄积，及至弃群臣之日，余令诏后嗣之遗义，执政任事之臣，所以能循法令，顺庶孽者[1]，施及萌隶[2]，皆可以教于后世。

“臣闻善作者，不必善成；善始者，不必善终。昔者伍子胥说听乎阖闾[3]，故吴王远迹至乎郢。夫差弗是也，赐之鸱夷而浮之江。故吴王夫差不悟先论之可以立功，故沉子胥而不悔。子胥不蚤见主之不同量，故入江而不改。夫免身全功，以明先王之迹者，臣之上计也。离毁辱之非，堕先王之名者，臣之所大恐也。临不测之罪，以幸为利者，义之所不敢出也。

“臣闻古之君子，交绝不出恶声；忠臣之去也，不洁其名。臣虽不佞，数奉教于君子矣。恐侍御者之亲左右之说，而不察疏远之行也。故敢以书报，唯君之留意焉。”

【注释】

〔1〕庶孽：妾生之子。

〔2〕萌隶：“萌”通“氓”，百姓。

〔3〕译文依鲍本“五”作“伍”。

【译文】

“臣听说：‘贤能圣明的君主，建立功业以后就不能半途而废，因此才可

伍子胥

以留名青史；有先见之明的士人，成名以后就不会堕落，所以才能为后代所歌颂。’像先王这样报仇雪耻，灭亡拥有万辆兵车的强国，收取敌人八百多年的积蓄，等到先王遗弃群臣驾崩时向后世宣示遗嘱，这些执掌政事的贤臣，凭着先王的旨意遵循法令，把妃妾所生的儿子安排好，施恩给身份卑贱的人，这些都可以成为后世的典范。

“臣又听说：‘善于开拓的人，未必有好的成功；善于创始的人，未必有好的结果。’以前伍子胥的计谋被吴王阖闾采纳，所以阖闾才能发兵攻陷遥远的楚都郢城，然而吴王夫差却不信任伍子胥，把他杀死装在皮囊里投进长江。可见吴王夫差不明白贤人的话可以立功，所以他才把伍子胥杀死丢在江里也不后悔。伍子胥没能及早发现君主度量小，所以即使被吴王夫差投进江里也没改变诚挚的初衷。说到明哲保身又能维护先王业绩的，这是臣所采行的上策。使身心遭受毁谤侮辱，而且破坏先王英名的，这是臣所最恐惧的。面临不可预测的大罪，而且误认为侥幸有利的人，是崇高节仪的人所不愿意做的。

“臣更听说：‘古代君子绝交时不出恶言，忠臣离国时不洗刷自己的名声。’臣虽然没有什么才干，不过却时常接受君子的教诲。唯恐君王的侍臣只相信左右人的话，而不体谅被疏远的臣子的言行，所以才冒昧上书回答君王，请君王三思吧！”

燕太子丹质于秦亡归[1]

【题解】

本文选自《燕策三》。

战国末年，秦国即将统一天下。它在灭韩、亡魏之后，又兵临易水，直逼燕国。燕国弱小，无力抵御，燕太子丹为了挽救危局，保全燕国，企图用行刺秦王的办法，以引起秦国的内乱，从而争取时间，重新组织诸侯共同抗秦。于是，就产生了“荆轲刺秦王”这则著名的历史故事。

【原文】

燕太子丹质于秦[2]，亡归。见秦且灭六国，兵以临易水[3]，恐其祸至，太子丹患之。谓其太傅鞠武曰[4]：

"燕、秦不两立，愿太傅幸而图之！"武对曰："秦地遍天下，威胁韩、魏、赵氏，则易水以北，未有所定也。奈何以见陵之怨，欲批其逆鳞哉[5]？"太子曰："然则何由？"太傅曰："请入，图之。"

【注释】

〔1〕本章又见《史记·刺客列传》。据《史》，燕太子丹质秦逃归，在秦王政十五年（前232年）。使荆轲刺秦王，在二十年（前227年）。而秦虏燕王喜，灭燕，在二十六年（前221年）。本章所述内容虽历时较长，然主要是叙述荆轲刺秦王之事，故以系于二十年为宜。据方苞《望溪集·书刺客列传后》的意见，以为此《策》乃是采司马迁之作而去其首尾。

〔2〕太子丹：燕王喜之子。

〔3〕以：鲍本作"已"。按，二字通。

〔4〕鞫：鲍本及《史记》均作"鞠"。

〔5〕逆鳞：据说龙颔下生有逆鳞径尺，触之则怒不可遏，必杀人。

【译文】

燕国太子丹在秦做人质，逃归燕。眼见秦就要吞灭六国，大兵已临易水，恐怕灾祸将至。太子丹很忧愁，对他的师傅鞠武说："燕与秦，势不两立，望太傅能够图谋良策。"鞠武回答说："秦国地盘遍布天下，威胁着韩、魏、赵三国，然而易水以北，局势还不一定。为何因在秦受凌辱的怨恨，就想去招惹它发怒呢？"太子说："那么，怎样才好呢？"太傅说："请太子入息，容我好好地想一想。"

秦始皇陵兵马俑·铜车马　秦，通长225厘米，通高152厘米，重1061千克。为兵车，是皇帝出行时车马仪仗队中负责警卫的车。

【原文】

居之有间，樊将军亡秦之燕[1]，太子容之。太傅鞫武谏曰："不可！夫秦王之暴而积怨于燕，足为寒心，又闻樊将军之在乎？是以委肉当饿虎之蹊[2]，祸必不振矣[3]！虽有管、晏[4]，不能为谋。愿太子急遣樊将军入匈奴以灭口[5]。请西约三晋，南连齐、楚，北讲于单于[6]，然后乃可图也。"太子丹曰："太傅之计，旷日弥久，心惛然恐不能须臾[7]。且非独于此也，夫樊将军困穷于天下，归身于丹，丹终不迫于强秦，而弃所哀怜之交置之匈奴，是丹命固卒之时也。愿太傅更虑之。”鞫武曰：“燕有田光先生者，其智深，其勇沉，可与之谋也。”太子曰：“愿因太傅交于田先生，可乎？”鞫武曰：“敬诺。”出见田光，道太子曰：“愿图国事于先生。”田光曰：“敬奉教。”乃造焉。

【注释】

〔1〕樊将军：秦将，名於期（wū jī），因得罪秦王而逃至燕。

〔2〕委：弃。蹊：山径。

〔3〕振：救。

〔4〕管、晏：管仲与晏婴。春秋时齐国二位名相。

〔5〕匈奴：古族名。战国时建国于燕、赵之北，以游牧为生。

〔6〕单于：匈奴对国王的称呼。

〔7〕惛：思想不清。

【译文】

过了一段时间，樊将军从秦逃到燕，太子收留他。太傅鞫武劝谏说：“不可以。秦王的残暴，对燕有积怨，就足以使人寒心，又何况听说樊将军在此呢？这叫作丢肉在饿虎经过的道路上，灾祸必定是不可挽救了！虽有管仲、晏婴，也不能想出好办法。愿太子赶紧让樊将军前往匈奴，来消除秦国的借口。请西边约结三晋，南面联合齐、楚，北面联络匈奴王单于，然后才可以举事。”太子丹说：“太傅的主意，旷日持久，我的心乱了，恐怕一刻也等不得。而且不仅如此，樊将军逃离秦国，各国不容，托身于丹，丹究竟不能迫于强秦，而把可怜的朋友弃置在匈奴。现今本来就是丹的性命快要完结的时候，尚有何惧？愿太傅重新想一想。”鞫武说：“燕有一位田光先生，他的智谋深邃，勇敢沉着，可以跟他商议。”太子说：“愿意通过太傅来结交田先生，可以吗？”鞫武说：“可以。”太傅出见田光，称说太子：“有国事愿与先生相商。”田光说：“谨奉教命。”遂来到太子的住所。

【原文】

太子跪而逢迎，却而为道[1]，跪而拂席。田先生坐定，左右无人，太子避席而请曰：“燕、秦不两立，愿先生留意也！”田光曰：“臣闻骐骥盛壮之时，一日而驰千里，至其衰也，驽马先之。今太子闻光壮盛之时，不知吾精已消亡矣。虽然，光不敢以乏国事也[2]。所善荆轲[3]，可使也！”太子曰：“愿因先生得交于荆轲，可乎？”田光曰：“敬诺。”即起，趋出。太子送之至门，曰：“丹所报，先生所言者，国大事也，愿先生勿泄也！”田光俛而笑，曰：“诺。”

偻行见荆轲，曰：“光与子相善，燕国莫不知。今太子闻光壮盛之时，不知吾形已不逮也，幸而教之曰：‘燕、秦不两立，愿先生留意也。’光窃不自外，言足下于太子，愿足下过太子于宫。”荆轲曰：“谨奉教。”田光曰：“光闻长者之行，不使人疑之。今太子约光曰：‘所言者国之大事也，愿先生勿泄也。’是太子疑光也！夫为行使人疑之，非节侠士也[4]。”欲自杀以激荆轲，曰：“愿足下急过太子，言光已死，明不言也。”遂自刭而死。

【注释】

〔1〕却而为道：退着走作引导。道，同“导”。

〔2〕吴曾祺曰：“无人可谋国事谓之乏。《左传》‘摄官承乏’，即其义。”按，乏，《史记》作“图”。

〔3〕荆轲：本齐人，姓庆，迁卫，称庆卿。后至燕，燕人谓之荆卿。

〔4〕节侠士：守节义的侠士。荀悦曰：“立气势，作威福，结私交，以立强于世者，谓之侠。”

【译文】

太子跪着迎接，倒着行走来做前导，跪着抹拭座席。田先生坐定，左右无人，太子跪起身请教说：“燕、秦势不两立，愿先生有好主意。”田光说：“臣闻听，骏马盛壮之时，一日而行千里，到它衰老，劣马也能超过它。太子听到的是壮年时的田光，不知现在我的精力已经消失了。但是，光不敢怠慢国事，有一位要好的朋友荆轲，可以使他来办。”太子说：“愿托赖先生来结交荆轲，可以吗？”田光说：“可以。”立即起身，快步而出。太子送他到门前，嘱咐说：“丹对先生所说的那些话，是国家大事，请先生不要泄漏。”

田光低头笑说："好的。"

田光弯腰行见荆轲，说："光与你相交好，燕国无人不知。现在太子听到的是壮年时的田光，不知道我的身体已经跟不上了，有幸教导光说：'燕、秦势不两立，愿先生有好主意。'光私下里觉得不应该对您见外，向太子推荐足下，愿足下到宫中去见一见太子。"荆轲说："谨遵教命。"田光说："长者的言行，不让人怀疑，如今太子叮嘱光说：'所说的，是国家大事，愿先生不要泄漏。'这是太子怀疑光。立身行事使人怀疑，不是节烈的侠士。"想用自杀来激励荆轲，说："愿足下赶紧到太子那里，就说光已死，以表明保守机密。"遂自刎而死。

【原文】

轲见太子，言田光已死，明不言也。太子再拜而跪，膝下行流涕[1]，有顷而后言曰："丹所请田先生无言者，欲以成大事之谋。今田先生以死明不泄言，岂丹之心哉！"荆轲坐定，太子避席顿首曰："田先生不知丹不肖，使得至前，愿有所道，此天所以哀燕不弃其孤也！今秦有贪饕之心[2]，而欲不可足也。非尽天下之地、臣海内之王者，其意不餍！今秦已虏韩王，尽纳其地，又举兵南伐楚，北临赵。王翦将数十万之众临漳、邺[3]，而李信出太原、云中[4]。赵不能支秦，必入臣，入臣则祸至燕。燕小弱，数困于兵，今计举国不足以当秦。诸侯服秦，莫敢合从。丹之私计，愚以为诚得天下之勇士，使于秦，窥以重利[5]，秦王贪其贽[6]，必得所愿矣。诚得劫秦王，使悉反诸侯之侵地，若曹沫之与齐桓公[7]，则大善矣！则不可，因而刺杀之。彼大将擅兵于外，而内有大乱，则君臣相疑。以其间诸侯，诸侯得合从，其偿破秦必矣[8]！此丹之上愿，而不知所以委命[9]。唯荆卿留意焉。"久之，荆轲曰："此国之大事，臣驽下，恐不足任使。"太子前顿首，固请无让，然后许诺。于是尊

荆轲为上卿，舍上舍，太子日日造问，供太牢异物[10]，间进车骑美女，恣荆轲所欲，以顺适其意。

【注释】

〔1〕膝下行：王念孙谓“下”字衍。

〔2〕饕（tāo）：贪。鲍本及《史》均作“利”。

〔3〕王翦：秦将军，频阳东乡人。曾先后攻破赵、燕、楚等国，以功封武成侯。漳、邺：均魏地。邺北近赵都邯郸，漳水流经赵、魏边界。

〔4〕李信：秦将军，陇西成纪人。太原、云中：均赵郡。详前注。

〔5〕窥：视。与“示”同义。

〔6〕贽：古时初次谒见尊者所持的礼物。

〔7〕曹沫：鲁将，或云即曹刿。鲁与齐三战皆败北，失地。齐桓公与鲁庄公会于柯，沫执匕首劫桓公于坛上，遂尽返鲁之失地。

〔8〕鲍本无“破”字，《史记》无“偿”字。作“偿破”者，衍一字。

〔9〕谓不知将使命委托于何人也。

〔10〕太牢：指猪、牛、羊三牲。

【译文】

荆轲去见太子，说田光已死，用来表明守密不言。太子再拜而跪，膝行流涕，过了半晌然后说：“丹所以请田先生不要说出去，是想成就大事的谋划。如今田先生用死来表明言语不泄，哪里是丹的本心呢？”荆轲坐定，太子跪起叩头至地，说：“田先生不知道丹的不肖，使您前来，愿有所教，这是上天哀怜燕而不遗弃它的孤子。秦国有贪利之心，而欲望不能满足，除非尽得天下的土地，臣伏海内的君王，它的心就不会快意。如今秦已俘虏韩王，尽收他的土地，又举兵南伐楚，北临赵。王翦率领几十万大军，兵临赵南部边境的漳水、邺城，而李信率军深入赵西部的太原、云中。赵不能抵秦，必入秦称臣。赵称臣，那么燕就大祸临头了。燕国小而弱，屡屡困于兵灾，估计全国奋起也不能够抵御秦军。诸侯都臣服于秦，没有敢从事合纵抗秦的。丹私自合计，愚见以为真能得到天下的勇士，出使于秦，诱以重利，秦王贪图礼物，就定能遂我所愿了。果能劫持秦王，使他全部归还诸侯的失地，就像曹沫对于齐桓公那样，就太好了；即或不成，因而刺杀秦王。它的大将领兵在外，而国内大乱，则上下互相猜疑。由此

给诸侯以喘息时机，诸侯得以重新合纵，就必定能够抵抗秦国了。这是丹最大的愿望，而不知道把这个使命委托给谁，请荆卿把这事放在心上。”过了好久，荆轲说：“这是国家的大事，臣为人粗鄙，恐怕难当重任。”太子向前叩头，坚请不要推让，荆轲然后才答应。于是尊荆轲为国家的上卿，住最好的房舍，太子每日都前来问安，供奉三牲肉食，珍玩异物，有时进献车马美女，听任荆轲所欲，来顺适他的心意。

【原文】

久之，荆卿未有行意。秦将王翦破赵，虏赵王，尽收其地，进兵北略地[1]，至燕南界。太子丹恐惧，乃请荆卿曰：“秦兵旦暮渡易水，则虽欲长侍足下，岂可得哉？”荆卿曰：“微太子言，臣愿得谒之。今行而无信，则秦未可亲也。夫今樊将军[2]，秦王购之金千斤，邑万家。诚能得樊将军首，与燕督亢之地图[3]，献秦王，秦王必说见臣，臣乃得有以报太子。”太子曰：“樊将军以穷困来归丹，丹不忍以己之私而伤长者之意，愿足下更虑之。”

荆轲知太子不忍，乃遂私见樊於期，曰：“秦之遇将军可谓深矣[4]，父母宗族皆为戮没！今闻购将军之首金千斤、邑万家，将奈何？”樊将军仰天太息流涕，曰：“吾每念，常痛于骨髓，顾计不知所出耳！”轲曰：“今有一言，可以解燕国之患，而报将军之仇者，何如？”樊於期乃前曰：“为之奈何？”荆轲曰：“愿得将军之首以献秦，秦王必喜而善见臣。臣左手把其袖，而右手揕抗其胸[5]，然则将军之仇报，而燕国见陵之耻除矣！将军岂有意乎？”樊於期偏袒扼腕而进曰[6]：“此臣日夜切齿拊心也[7]，乃今得闻教！”遂自刎。太子闻之，驰往，伏尸而哭，极哀。既已，无可奈何，乃遂收盛樊於期之首，函封之。

【注释】

〔1〕略：经略。

〔2〕鲍本衍“今”字。《史》无。

〔3〕督亢：燕膏腴之地区。在今河北省涿县东部。

〔4〕深：犹言厉害，狠毒。

〔5〕揕(zhèn)抗：揕，刺。抗，王念孙谓当是“抌”字之讹。抌，亦“刺”义。《史》及鲍本均只作一“湛”字。下同。

〔6〕偏袒扼腕：表示激愤或振奋的样子。偏袒，露一臂。扼腕，一手握另一手之腕。

〔7〕拊：捶击。

【译文】

过了许久，荆卿没有赴秦的意思。秦将王翦攻破赵国，俘虏赵王，尽收赵国土地，进兵向北掠夺地盘，到达燕的南界。太子丹恐慌，遂恳请荆卿说：“秦兵早晚渡过易水，那么虽想要长久服侍足下，怎么能够呢？”荆卿说：“太子就是不说，臣也想去见您。现在启程没有信物，那就恐怕不能接近秦王。樊将军是秦王用千斤黄金和万家城邑的悬赏来追捕的人。如果能得到樊将军的头颅，与燕国督亢膏腴之地的地图，献给秦王，秦王必定高兴见臣，臣才能有所报答太子。”太子说：“樊将军困走投无路来投奔丹，丹不忍拿自家的私事，来伤害长者的心意，还请足下另作打算。”

荆轲知道太子于心不忍，乃去私见樊於期说：“秦国对待将军，可以说是忒狠毒了。父母宗族，都被杀绝。现在听说购求将军的头颅，出千斤金、万室城邑的封赏，您准备怎么办呢？”樊将军仰天叹气，流泪说：“我每次想起，都痛彻肺腑，只是不知如何是好罢了。”荆轲说：“有一句话，可以解除燕国的灾难，并雪报将军的仇恨，你看怎样？”樊於期凑前说：“怎么办呢？”荆轲说：“愿得到将军的头颅来献给秦，秦王必定高兴而好好接待臣。臣左手揪住他的衣袖，右手刺他的前胸，这样，将军的仇可报，而燕国被欺凌的耻辱也就洗雪了。将军有意吗？”樊於期袒臂握腕激愤向前道：“这是臣所日夜切齿痛恨的，今天才听到您的开导。”遂自刎而死。太子听说后，驰车而往，伏尸痛哭，极其悲哀。事既过去，也就无可奈何，于是遂收樊於期的头颅，用匣子装上封起来。

【原文】

于是太子预求天下之利匕首，得赵人徐夫人之匕首[1]，取之百金，使工以药淬之以试人[2]，血濡缕[3]，人无不立死者。乃为装遣荆轲。燕国有武士秦武阳，年十二[4]，杀人，人不敢与忤视[5]。乃令秦武阳为副。荆轲有所待，欲与俱，其人居远未来，而为留待。顷之，未发。太子迟之，疑其有改悔，乃复请之，曰：“日以尽矣[6]。荆卿岂无意哉？丹请先遣秦武阳。”荆轲怒，叱太子曰：“今日往而不反者，竖子也[7]！今提一匕首，入不测之强秦，仆所以留者，待吾客与俱。今太子迟之，请辞决矣！”遂发。

【注释】

〔1〕徐夫人：赵国男子名。

〔2〕淬（cuì）：淬火。此谓烧剑入药水中以浸之。

〔3〕血濡缕：血流如丝缕。濡，沾湿。

〔4〕十二：鲍本及《史》均作“十三”。

〔5〕忤视：谓迎面而视。忤，逆也。

〔6〕以：同“已”。鲍本、《史》均作“已”。

〔7〕竖子：小子，鄙贱之称。旧解谓指太子，金正炜谓轲自责，均未切。按，此“竖”子似指武阳方妥。盖轲本不愿偕武阳，惧其败事，故言“待吾客以俱”。今太子急欲先遣武阳，轲因斥言如此。

【译文】

随后，太子寻求天下最锋利的匕首，求得赵国徐夫人的匕首，用百金购取，使工匠用毒药淬火，拿来试人，流血虽仅如丝缕，没有不立即死亡的。于是准备行装，遣送荆轲。燕国有一勇士名秦武阳，年十二，杀人，人不敢逆视。遂令秦武阳为副手。荆轲等候一个人，想跟他共同赴秦，那人住在远地，未到，为此留待，许久未能启程。太子嫌迟，怀疑荆轲有所反悔，遂又敦促说：“时间已经刻不容缓了，荆卿难道不想启程了吗？丹请让秦武阳先行。”荆轲恼怒，喝斥太子说：“今日有去无回的，就坏在小子秦武阳身上！现今提一只小小匕首，入不测的强秦，我所以留待不发，是等候与我的客人一同起程。如今太子嫌迟，请辞别，决不停留了。”遂即出发。

【原文】

太子及宾客知其事者，皆白衣冠送之。至易水上，既祖〔1〕，取道。高渐离击筑〔2〕，荆轲和而歌，为变徵之声〔3〕，士皆垂泪涕泣。又前而为歌曰：“风萧萧兮易水寒，壮士一去兮不复还！”复为忼慨羽声〔4〕，士皆瞋目，发尽上指冠。于是荆轲遂就车而去，终已不顾。

既至秦，持千金之资币物，厚遗秦王宠臣中庶子蒙嘉〔5〕，嘉为先言于秦王，曰：“燕王诚振畏慕大王之威〔6〕，不敢兴兵以拒大王，愿举国为内臣，比诸侯之列，给贡职如郡县，而得奉守先王之宗庙。恐惧不敢自陈，谨斩樊於期头，及献燕之督亢之地图，函封，燕王拜送于庭，使使以闻大王。唯大王命之。”

【注释】

〔1〕祖：古时出行祭祀路神。

〔2〕高渐离：荆轲友人，以屠狗为业，善击筑。筑，似琴，以竹击之。

〔3〕变徵（zhǐ）之声：古音乐中一种凄厉悲凉的声调。变徵，古七种音调之一。

〔4〕羽声：古七种音调之一。其调高亢愤激。

〔5〕中庶子：国君、太子侍从之官。蒙嘉：秦臣。

〔6〕振畏慕：鲍本、《史记》作“振怖”。振，同“震”。

【译文】

太子和知道这件事的宾客，都穿戴白色衣冠来送他。到易水之上，祭祀完祖先，取道而行。高渐离打击乐器筑，荆轲和乐而歌，歌调是悲怆的变徵声，士人都流泪哭泣。突然，荆轲朝前走了几步，用高亢悲壮的羽声唱道：“风萧萧啊易水寒，壮士一去啊不复还！”听的人都不由自主地睁圆了双眼，因为愤怒，头发尽都冲着帽子竖立起来。于是荆轲登车而去，始终没有回顾。

到了秦国后，荆轲拿价值千金的币帛物品，厚赂秦王的宠臣中庶子蒙嘉。蒙嘉为荆轲一行先对秦王说："燕王真心畏怖大王的威风，不敢兴兵来对抗大王，愿举国作为臣下，与屈服的诸侯同列，献纳贡品，职责如同郡县，但愿得以奉守先王的宗庙。恐惧的心情不敢自陈，谨斩樊於期的头颅，以及燕国督亢地图，用匣封妥，燕王亲自恭拜，送出庭院，遣使来报大王。请大王裁处。"

【原文】

秦王闻之，大喜。乃朝服，设九宾[1]，见燕使者咸阳宫[2]。荆轲奉樊於期头函，而秦武阳奉地图匣，以次进至陛下。秦武阳色变振恐，群臣怪之。荆轲顾笑武阳，前为谢曰："北蛮夷之鄙人，未尝见天子，故振慴。愿大王少假借之，使毕使于前。"秦王谓轲曰："起，取武阳所持图！"轲既取图奉之，发图，图穷而匕首见。因左手把秦王之袖，而右手持匕首揕抗之。未至身，秦王惊，自引而起，绝袖。拔剑，剑长掺其室[3]。时怨急[4]，剑坚，故不可立拔。荆轲逐秦王，秦王还柱而走，郡臣惊愕，卒起不意，尽失其度。而秦法，群臣侍殿上者，不得持尺兵。诸郎中执兵，皆陈殿下，非有诏，不得上。方急时，不及召下兵，以故荆轲逐秦王，而卒惶急无以击轲，而乃以手共搏之。是时，侍医夏无且以其所奉药囊提轲[5]，秦王之方还柱走，卒惶急不知所为。左右乃曰："王负剑！王负剑！"遂拔以击荆轲，断其左股。荆轲废，乃引匕首提秦王，不中，中柱。秦王复击轲，被八创。轲自知事不就，倚柱而笑，箕踞以骂曰："事所以不成者，乃欲以生劫之，必得约契以报太子也。"左右既前斩荆轲，秦王目眩良久。已而论功赏群臣及当坐者[6]，各有差。而赐夏无且黄金二百镒，曰："无且爱我，乃以药囊提轲也！"

【注释】

〔1〕设九宾：用九位宾相接待。是古时朝廷接待外宾的重礼。

〔2〕咸阳宫：秦宫殿名。孝公时所建。

〔3〕掺其室：揽持剑鞘。掺，同“操”。室，指剑鞘。

〔4〕怨：鲍本、《史记》作“惶”。

〔5〕提：投掷。

〔6〕坐：谓坐罪。

【译文】

秦王听说，大喜。于是穿上朝服，用九位傧相的礼仪，在咸阳宫接见燕的使者。荆轲捧着装樊於期头颅的匣子，而秦武阳捧着盛地图的盒子，依次走到台阶的下面。秦武阳恐惧变色，浑身战栗，群臣觉得奇怪。荆轲回头看武阳而笑，向前谢罪说：“北方蛮夷野人，没有见过天子，所以吓得发抖，愿大王稍加宽容，使他在您的面前完成使命。”秦王对荆轲说：“站起来，拿武阳所持地图上来。”荆轲把图呈上，打开地图，地图展尽露出匕首。于是荆轲左手揪住秦王衣袖，而用右手持匕首来刺他。未及至身，秦王大惊，立即翻身站起，衣袖被扯断。去拔剑，剑身过长，夹着剑鞘。当时极度慌张，剑在鞘甚牢，所以不能立即拔出来。荆轲追赶秦王，秦王绕柱急逃。群臣惊慌，事发仓促，出乎意料，尽皆失态。秦法令规定，群臣在殿上侍从的，不许携带尺寸武器。众持兵器的郎中，都陈列在殿下，除非召唤，不能上殿。正在紧急关头，顾不得召唤士兵，因此荆轲追赶秦王，秦王仓促慌急，没有东西拿来回击荆轲，而只得用手来自卫搏击。这时，侍医夏无且，用他所持药囊来投掷荆轲。秦王正绕柱而行，慌张急迫，不知为何是好。左右便说：“大王把宝剑推到身后！大王把宝剑推到身后！”遂拔出来回击荆轲，把他的左腿股砍断。荆轲腿残，便用匕首投掷秦王，没有刺中，击在柱上。秦王又砍刺荆轲八剑。荆轲自知事情不成，倚柱大笑，盘腿咒骂道：“事情所以不成，只是想活着劫持你，得到归还土地的凭证来回报燕太子。”左右遂上前把荆轲杀死，秦王目眩好久才安定下来。过后，论功赏赐群臣和处罚该当受处罚的人，各有轻重区别。赐给夏无且黄金四千两，说：“无且爱护我，竟用药囊投掷荆轲。”

【原文】

于是秦大怒燕，益发兵诣赵，诏王翦军以伐燕，十月而拔燕蓟城[1]。燕王喜、太子丹等皆率其精兵东保于辽东。秦将李信追击燕王，王急，用代王嘉计[2]，杀太子丹，欲献之秦。秦复进兵攻之，五岁而卒灭燕国[3]，而虏燕王喜。秦兼天下。其后，荆轲客高渐离，以击筑见秦皇帝，而以筑击秦皇帝，为燕报仇，不中而死。

【注释】

〔1〕蓟城：燕都，在今北京市区。秦始皇二十一年，王翦破燕军，取蓟城。

〔2〕秦始皇十九年灭赵，赵公子嘉率宗族数百人逃至代，自立为代王，东与燕合兵。

〔3〕始皇二十五年，秦将王贲攻燕辽东，虏燕王喜，遂灭燕。

【译文】

于是，秦对燕十分怒恨，增发兵至赵，命令王翦的军队去伐燕。十个月攻克燕的蓟城。燕王喜、太子丹等人，率领全部精兵自保于辽东。秦将李信追击燕王，燕王紧急，用代王赵嘉的计谋，杀死太子丹，想要献给秦国。秦仍进兵攻伐燕王。经过五年，终于消灭燕国，而俘获燕王喜。秦国统一了天下。此后，荆轲的友人高渐离，因善于击筑得见秦始皇帝，遂用筑袭击秦皇帝，来为燕国报仇，但没有击中，被杀身死。

昭王既息民缮兵

【题解】

本文选自《中山策》。

秦昭王四十七年（前260年），派白起率兵伐赵。攻破长平后，乘胜进逼邯郸。眼看赵国将被秦国兼并的时候，秦昭王却听信了范雎的谗言，以“秦军劳”为借口，错误地下令收兵，致使功亏一篑。事过一年，秦昭王打算再次伐赵，白起客观地分析了敌我双方力量的变化，指出当时不宜伐赵的道理。但昭王一意孤行，结果吃了败仗。他不仅不加反省，反而迁怒于人，结恨于白起。

【原文】

昭王既息民缮兵，复欲伐赵。武安君曰：“不可！”王曰：“前年国虚民饥，君不量百姓之力，求益军粮以灭赵。今寡人息民以养士，蓄积粮食，三军之俸有倍于前，而曰：‘不可。’其说何也？”

武安君曰：“长平之事，秦军大克，赵军大破；秦人欢喜，赵人畏惧。秦民之死者厚葬，伤者厚养，劳者相飨，饮食铺馈[1]，以靡其财；赵人之死者不得收，伤者不得疗，涕泣相哀，勠力同忧，耕田疾作，以生其财。今王发军，虽倍其前，臣料赵国守备，亦以十倍矣！赵自长平以来，君臣忧惧，早朝晏退，卑辞重币，四面出嫁，结亲燕、魏，连好齐、楚，积虑并心，备秦为务。其国内实，其交外成。当今之时，赵未可伐也！”

【注释】

〔1〕铺馈：以食物送人。

【译文】

秦昭王在百姓得到休息，武器修缮了之后，又准备攻打赵国。武安君说：“不行。”秦昭王说：“前一年，国家的府库空虚，人民遭受饥饿，您不估量百姓的能力，要求增加军粮去消灭赵国。现在寡人使百姓得到休息，士卒得到安养，蓄积了粮食，全军的给养又超过从前一倍，您却说：‘不行’。为什么这么说呢？”

白 起

武安君说：“在长平大战中，秦军大胜，赵军大败；秦国人欢喜，赵国人害怕。秦国人战死的给以厚葬，受伤的给以精心治疗，有功绩的设酒食给予慰劳，百姓假借祭祖之名聚会，浪费了财物；赵国人战死的无人收殓，受伤的得不到医疗，军民悲泣哀号，齐心协力，团结一致努力耕田，增加了生产，现在大王派兵虽然三倍于以前，我预料赵国的守备力量也会相当于以前的十倍。赵国从长平之战以来，君臣都忧愁恐惧，早上朝，晚退朝，用谦卑的言辞，贵重的礼品，向四方派出使节，结交盟友，与燕、魏、齐、楚结为友好盟邦。他们千方百计，同心同德，致力于防备秦国来犯。赵国国内财力充实，外交活动成功。现在这个时候，对赵国不可攻打。”

【原文】

王曰："寡人既以兴师矣。"乃使五校大夫王陵将以伐赵。陵战失利，亡五校[1]。王欲使武安君，武安君称疾不行。王乃使应侯往见武安君，责之曰："楚地方五千里，持戟百万，君前率数万之众，入楚，拔鄢、郢，焚其庙，东至竟陵，楚人震恐，东徙而不敢西向。韩、魏相率，兴兵甚众，君所将之卒不能半之，而与战之于伊阙，大破二国之军，流血漂卤，斩首二十四万，韩、魏以故至今称东藩。此君之功，天下莫不闻。今赵卒之死于长平者已十七八，其国虚弱，是以寡人大发军，人数倍于赵国之众，愿使君将，必欲灭之矣。君尝以寡击众，取胜如神，况以强击弱、以众击寡乎？"

【注释】

〔1〕五校：校，古时部队每八百人为一校，即主尉。五校为四千士兵。

【译文】

秦昭王说："寡人已经派兵了。"于是他派出五大夫王陵率军攻打赵国。王陵战败，损失了四千人。秦王又要派武安君白起，武安君声称有病不去。秦王于是派应侯范雎会见武安君，责备他说："楚国土地方圆五千里，战士百万。您从前率领数万军队攻打楚国，攻下了楚都鄢郢。烧了他们的宗庙，一直打到东面的竟陵，楚国人震惊，往东迁都而不敢向西抵抗。韩、魏两国前后相随，动员大批军队，而您率领的军队不及韩、魏联军的一半，却和它们大战于伊阙，大败了韩、魏联军，以致血流成河，漂起了大盾，共斩首二十四万。因此，韩国、魏国至今还称作秦国东面的属国。这是您的丰功。诸侯无不了解。现在赵国士卒死于长平之战的已有十分之七八，赵国虚弱，所以寡人才发动几倍于赵国的大军，希望派您领兵出战，一定要消灭赵国。您曾以少击多，获胜如神，何况现在是以强攻弱，以多攻少呢？"

【原文】

武安君曰："是时楚王恃其国大，不恤其政，而群臣相妒以功，谄谀用事，良臣斥疏，百姓心离，城池不修，既无良臣，又无守备。故起所以得引兵深入，多倍城邑，发梁焚舟以专民心，掠于郊野以足军食。当此之时，秦中士卒，以军中为家，将帅为父母，不约而亲，不谋而信，一心同功，死不旋踵。楚人自战其地，咸顾其家，各有散心，莫有斗志，是以能有功也。伊阙之战，韩孤顾魏，不欲先用其众；魏恃韩之锐，欲推以为锋。二军争便之力不同，是以臣得设疑兵以待韩阵，专军并锐，触魏之不意。魏军既败，韩军自溃，乘胜逐北，以是之故能立功。皆计利形势，自然之理，何神之有哉？今秦破赵军于长平，不遂以时乘其振惧而灭之，畏而释之，使得耕稼以益蓄积，养孤长幼以益其众，缮治兵甲以益其强，增城浚池以益其固。主折节以下其臣，臣推体以下死士。至于平原君之属，皆令妻妾补缝于行伍之间。臣人一心，上下同力，犹勾践困于会稽之时也。以今伐之，赵必固守。挑其军战。必不肯出；围其国都，必不可克；攻其列城，必未可拔；掠其郊野，必无所得。兵出无功，诸侯生心，外救必至，臣见其害，未睹其利。又病，未能行。"

【译文】

武安君说："当时楚王依仗他的国家大，不顾国政，大臣们居功自傲，嫉妒争功，阿谀谄媚之臣掌权，贤良的忠臣受到排挤而被疏远，百姓离心离德，护城河也不修浚，既无良臣，又无守备。所以我能够领兵深入楚国，占领了很多城邑，拆除桥梁，烧毁船只，绝其归路，来坚定百姓作战的决心，并在郊野各处寻找食物，来补充军粮。在这个时候，秦国的士兵，把军队当作自己的家，把将、帅当作自己的父母。没有经过约定，大家都很亲近；没有经过商量，大家都很信任。全军上下同心同德。抱着必死的决心，至死也不回头。相反，楚国人在自己的国家作战，都只关心自己的家，全军将士离心离德，没有斗志。所以，我才能够建立战功。在伊阙战役中，韩国势力孤单，等待魏国，不愿首先动用自己的军队。魏国依靠韩军精锐，想推韩军打头阵。韩、魏两军争利，不能同心协力，所以我有机会能够设置埋伏，来对付韩国的军队，并集中精锐，组织劲旅，出其不意，进攻魏

国。魏国军队已经战败，韩国军队自然溃散。乘胜穷追败军。因此之故，我才能够建立战功。这都是由于谋划得当，利用形势，随机应变，符合自然的道理，哪有什么‘神奇’可言呢？现在秦国在长平打败了赵军，不在当时趁赵国畏惧而灭掉它，却有所顾虑，放弃了机会，让他们能够从事耕种，提高生产，增加积蓄；使孤儿能够养育，幼儿成长，以增加人口；并修缮兵器，以增强战斗力；增高城墙，修浚护城河，以巩固防守；国君放下架子，对臣下以礼相待；上级军官对士卒推心置腹，同甘共苦；至于对平原君赵胜这类人，都让他们的妻、妾到军营中，来为战士缝补衣裳。臣民一心，上下协力，如同越王勾践当初被困在会稽山上受辱，而后卧薪尝胆，励精图治一样。现在如果攻打赵国，赵国必定拼死坚守；如果向赵军挑战，他们必定不出战；包围其国都邯郸，必然不可能取胜；攻打赵国其他的城邑，必然不可能攻下；掠夺赵国的郊野，必然一无所获。我国对赵国出兵毫无战功，诸侯就会产生抗秦救赵之心，赵国一定会得到诸侯的援助，我只看到有攻打赵国的危害，还没有看到有利之处；再加上我有病，所以不能出征。”

【原文】

应侯惭而退，以言于王。王曰：“微白起，吾不能灭赵乎？”复益发军，更使王龁代王陵伐赵。围邯郸八九月，死伤者众，而弗下。赵王出轻锐以寇其后，秦数不利。武安君曰：“不听臣计，今果何如？”王闻之，怒，因见武安君，强起之，曰：“君虽病，强为寡人卧而将之！有功，寡人之愿，将加重于君；如君不行，寡人恨君。”武安君顿首曰：“臣知行虽无功，得免于罪；虽不行无罪，不免于诛。然惟愿大王览臣愚计，释赵养民，以诸侯之变，抚其恐惧，伐其憍慢[1]，诛灭无道，以令诸侯，天下可定。何必以赵为先乎？此所谓为一臣屈而胜天下也！大王若不察臣愚计，必欲快心于赵，以致臣罪，此亦所谓胜一臣而为天下屈者也。夫胜一臣之严焉，孰若胜天下之威大耶？臣闻明主爱其国，忠臣爱其名。破国不可复完，死卒不可复生。臣宁伏受重诛而死，不忍为辱军之将。愿大王察之！”王不答而去。

【注释】

〔1〕怀：骄傲。

【译文】

应侯范雎惭愧地退下，把白起所说告诉了秦王。秦王说：“没有他白起，我就不能消灭赵国吗？”又增加兵力，另派王替换王陵攻打赵国。包围赵都邯郸八九个月，死伤人数很多，却没有攻下。赵王派出轻兵锐卒，来袭击秦军的后路，秦军一连失利。武安君白起说：“不采纳我的计谋，现在到底怎么样呢？”秦王听说后大怒，于是亲自去见武安君白起，强迫他起来，说：“您虽然生病，也要为寡人带病指挥。如果建立军功，这是寡人的愿意，一定重赏您；如果您不去，寡人就要深深地怨恨您。”武安君白起叩头至地，说：“我明知出战虽然不会成功，却可以免于获罪；不出战虽然没有罪过，却不免处死。但还是希望大王接受我的愚见，放弃攻打赵国，让人民养精蓄锐。利用诸侯的关系变化，安抚他们中担惊害怕的，讨伐他们中骄傲轻慢的，消灭他们中昏庸无道的，这样来号令诸侯，就是所谓‘屈白起一臣，却可以战胜诸侯’的做法呀。如果大王不明察我那愚计，一定要消灭赵国，求得一时痛快，致使我获罪，这也就是所谓‘取胜白起一臣，而被诸侯所屈服’的做法呀，取胜一臣的威严，哪里比得上战胜诸侯的威严大呢？我听说，明君爱他的国家，忠臣爱他的名誉；灭亡的国家不可能再复原，死去的士卒不可能复活。我甘受重罪而死，也不能做一个辱军败国的将领，希望大王谨慎考虑。”秦王没有回答，转身就走了。